刘宇熹 编著

企业数字化转型与实践

清华大学出版社
北京

内容简介

进行数字化转型可以帮助企业提升用户体验、塑造业务流程、优化运营管控。企业管理者在数字化转型实践上会陷入两个困境：一是认知困境，即如何理解数字化转型；二是实践困境，即如何推进数字化转型。本书以行业最佳实践为基础，提供了一套有效的解决方案，指出了企业转型中各种真实存在的误区和陷阱。

全书主要介绍了企业为什么要进行数字化转型，数字化转型涉及的技术，数字化转型的目标、框架、策略与最佳实践，企业经营和管理的数字化升级等内容。

对企业的中高层管理人员，或具有IT背景的专业人员而言，本书是一本推动企业数字化变革的指导性手册。本书还适合作为各高校商学院的MBA教材，也可供高等院校计算机、互联网金融、大数据、人工智能、金融科技等相关专业选修使用。

本书封面贴有清华大学出版社防伪标签，无标签者不得销售。

版权所有，侵权必究。举报：010-62782989，beiqinquan@tup.tsinghua.edu.cn。

图书在版编目(CIP)数据

企业数字化转型与实践 / 刘宇熹编著. — 北京：清华大学出版社，2023.1
ISBN 978-7-302-62412-7

Ⅰ.①企⋯ Ⅱ.①刘⋯ Ⅲ.①数字技术- 应用- 企业管理 Ⅳ.① F272.7

中国国家版本馆 CIP 数据核字 (2023) 第 016232 号

责任编辑： 刘向威
装帧设计： 常雪影
责任校对： 韩天竹
责任印制： 宋　林

出版发行：清华大学出版社
网　　址：http://www.tup.com.cn, http://www.wqbook.com
地　　址：北京清华大学学研大厦A座　　邮　编：100084
社 总 机：010-83470000　　邮　购：010-62786544
投稿与读者服务：010-62776969, c-service@tup.tsinghua.edu.cn
质 量 反 馈：010-62772015, zhiliang@tup.tsinghua.edu.cn

印 装 者：三河市铭诚印务有限公司
经　　销：全国新华书店
开　　本：160mm×230mm　　印　张：17.5　　字　数：195 千字
版　　次：2023 年 3 月第 1 版　　印　次：2023 年 3 月第 1 次印刷
印　　数：1~1500
定　　价：59.00 元

产品编号：097740-01

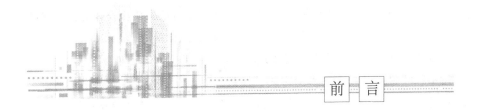

前 言

  大数据分析、人工智能、物联网、区块链、社交媒体、云计算等各种技术的快速发展正深刻地改变着我们的思考方式、学习方式和生产方式,也会逐步改变我们的生存方式。当我们还没有完全认识互联网时,就已经进入大数据时代;当我们还没有看清大数据时代时,人工智能时代已经来临。伴随着大数据技术的快速发展,各种相关技术从实验室走向了现实生活。我们所产生的数据被各种数字化的硬件设备采集,被各种软件"算计"。生活中无处不在的数据构成了另外一个世界——虚拟世界,它与现实的物理世界并行,但更真实、更精准。计算机对我们的了解超过了我们的同事、朋友、家人,甚至超过了我们自己。

  企业数字化转型的价值是实实在在的。相关研究表明,那些能够积极提升数字化能力,推动企业变革的企业,其利润要高于同行业26%。IBM公司组织的一项针对5个行业、1089名企业家的调查显示,善用大数据与分析的企业在开发客户和市场洞察方面,比一般企业更为优秀;在根据分析结果实现流程和决策自动化方面,它们的水平比一般企业高出两倍之多。

  数字化可以帮助企业提升用户体验、优化业务流程、实现运营管控,为企业进化带来一场"范式革命"。然而,数字化转型并不容易。一些企业想进行数字化转型,但不知道如何转,从哪里转;一些企业凭着碎片化的想法,急于转型,却发现不但未达成预期的效果,还徒增成本,制造了新的问题。这是因为,凭感觉、靠热情是无法推动复杂的企业数字化转型的。跨越数字化鸿沟,实现企业数字化转型,需要一套系统的框架、一种适宜的方法,还需要一系列有效推动变革和转型的努力措施。

2019年10月，中国共产党第十九届中央委员会第四次全体会议审议通过了《中共中央关于坚持和完善中国特色社会主义制度 推进国家治理体系和治理能力现代化若干重大问题的决定》（以下简称《决定》）。《决定》指出："健全劳动、资本、土地、知识、技术、管理、数据等生产要素由市场评价贡献，按贡献决定报酬的机制。"这是我国首次将数据作为与劳动、资本、土地、知识、技术、管理并列的生产要素，从制度层面确立了数据作为一种新的生产要素的重要地位。如何促进数据要素有效参与价值创造和分配，成了数据新时代交给我们的重要课题。企业数字化转型迫在眉睫，建立正确认知、掌握有效方法、踏上转型快轨的时刻已到！

本书由广东金融学院刘宇熹编写，在编写过程中得到清华大学出版社的大力支持、鼓励和帮助，在此表示衷心的感谢。由于编者学识有限，书中难免有遗漏和不妥之处，敬请读者谅解，并提出宝贵意见。

编　者

2023 年 2 月

目录

第1章 新型商业范式的出现 ·················· 1
    1.1 数字化技术对商业的改变 ·················· 2
    1.2 数字化时代的商业变化 ·················· 4
    1.3 解构数字化商业范式 ·················· 6
    1.4 数字时代新模式 ·················· 7
    本章小结 ·················· 17
    思考及实践题 ·················· 19

第2章 企业数字化时代解读 ·················· 21
    2.1 企业数字化的战略思考 ·················· 22
    2.2 企业数字化的三大误区 ·················· 24
    2.3 如何理解数字化 ·················· 28
    2.4 为什么企业数字化转型难 ·················· 30
    2.5 数字化企业的定义及其特征 ·················· 31
    本章小结 ·················· 34
    思考及实践题 ·················· 35

第3章 企业数字化目标 ·················· 37
    3.1 企业数字化目标与价值 ·················· 38
    3.2 企业数字化核心战略与路径 ·················· 40

3.3 企业数字化转型的三大趋势 ·· 42
3.4 企业数字化转型的三个坐标 ·· 43
3.5 转型标杆的领先密码 ·· 45
本章小结 ·· 47
思考及实践题 ·· 48

第 4 章 企业数字化转型涉及的技术 ·· 49

4.1 概述 ··· 50
4.2 数据技术 ··· 51
4.3 构建"感知—思考—响应—反馈"闭环 ································ 54
4.4 企业数据化转型涉及的七大类数据技术 ······························ 60
本章小结 ·· 72
思考及实践题 ·· 73

第 5 章 企业数字化转型的方式 ·· 75

5.1 精益式转型 ··· 77
5.2 增强式转型 ··· 79
5.3 创新式转型 ··· 80
5.4 跃迁式转型 ··· 82
5.5 企业数字化转型路线选择 ··· 83
本章小结 ·· 87
思考及实践题 ·· 88

第 6 章 数字营销 ··· 89

6.1 传统企业的机遇与挑战 ··· 90
6.2 数字化时代营销变革路径 ··· 98
6.3 数字化营销的 IT 技术架构与路径 ····································· 105
6.4 以营销中台为核心,支撑营销体系持续变革 ························· 107

|本章小结 | 113 |
|思考及实践题 | 115 |

第 7 章 工业互联，智能制造 … 117

- 7.1 智能制造发展趋势 … 118
- 7.2 工业互联网平台 … 120
- 7.3 企业内通—提升运营效率 … 126
- 7.4 企业外联—价值链延伸 … 129
- 7.5 平台运营—产业生态融合 … 138
- 7.6 智能技术应用举例 … 142

本章小结 … 145

思考及实践题 … 147

第 8 章 社交协同，智慧工作 … 149

- 8.1 数字化时代的组织协同 … 150
- 8.2 协同办公进入社交协同时代 … 153
- 8.3 智慧协同重新定义数字化工作平台 … 155
- 8.4 数字化时代的智慧协同 … 157
- 8.5 数字化智慧协同转型实施路径 … 161

本章小结 … 164

思考及实践题 … 165

第 9 章 数智驱动——美的数字化转型之路 … 167

- 9.1 导读 … 168
- 9.2 美的数字化 1.0：信息系统一致性 … 168
- 9.3 美的数字化 2.0：数据驱动的 C2M … 170
- 9.4 美的数字化 3.0：工业互联网 … 171
- 9.5 美的 5G 工厂，绝不只是噱头 … 172

9.6 美的组织和领导力的进化和挑战 ……………………………… 173

本章小结 ………………………………………………………………… 176

思考及实践题 …………………………………………………………… 178

第 10 章　IT 行业数字化转型最佳实践 …………………………… 179

10.1 导读 …………………………………………………………… 180

10.2 IT 企业为什么需要数字化转型 ……………………………… 180

10.3 IT 企业数字化转型的核心挑战 ……………………………… 184

10.4 IT 企业数字化转型的五个方向 ……………………………… 186

10.5 IT 企业数字化转型的三种方法 ……………………………… 191

10.6 华为数字化转型的最佳实践 ………………………………… 193

本章小结 ………………………………………………………………… 203

思考及实践题 …………………………………………………………… 205

第 11 章　工业互联网服务小微企业数字化转型 ………………… 207

11.1 概述 …………………………………………………………… 208

11.2 工业互联网平台服务小微企业转型的价值 ………………… 208

11.3 小微企业使用平台面临的挑战 ……………………………… 210

11.4 应对策略 ……………………………………………………… 211

本章小结 ………………………………………………………………… 213

思考及实践题 …………………………………………………………… 214

第 12 章　数智乡村赋能数字乡村 …………………………………… 215

12.1 数智乡村建设的相关背景和意义 …………………………… 216

12.2 数智乡村建设主要存在的问题 ……………………………… 218

12.3 数智乡村关键技术分析 ……………………………………… 221

12.4 数智乡村赋能乡村振兴的主要途径 ………………………… 225

本章小结 ………………………………………………………………… 237

思考及实践题 ·· 238

第 13 章　企业经营和管理的数字化升级 ····················· 239
　　13.1　客户体验数字化 ·· 240
　　13.2　业务流程数字化 ·· 244
　　13.3　运营管控数字化 ·· 248
　　13.4　数据平台系统化 ·· 252
　　13.5　塑造数据文化 ··· 255
　　本章小结 ·· 258
　　思考及实践题 ·· 261

参考文献 ·· 263
后记 ··· 269

第 1 章
新型商业范式的出现

学习目标

通过本章的学习,读者将能够:

- 了解数字化技术对商业的改变、数字化时代的商业变化。
- 熟悉数字化时代的商业范式。
- 理解数字化时代新模式。

1.1 数字化技术对商业的改变

未来所有成功的企业都将是数字化企业。这是 2020 年新冠肺炎疫情暴发后，越来越多的企业家强烈认同的一种观点。

随着数字化在各行各业的快速应用，数字化技术的冲击无处不在。看看我们的身边，各行各业都在发生变化，其中不乏数字技术的颠覆性力量所带来的翻天覆地的巨变：淘宝、京东颠覆了传统商业；美团、饿了么颠覆了传统餐饮；滴滴出行、共享单车颠覆了传统出行方式；携程、爱彼迎（Airbnb 民宿预订平台）颠覆了传统旅游业和酒店业；特斯拉正在颠覆传统汽车行业；谷歌 AlphaGo、百度 AI、科大讯飞掀起了新一轮的人工智能革命。

无论是淘宝、京东对传统零售行业商业模式的颠覆，还是找钢网对钢铁行业传统供应链模式的颠覆，定制化平台在传统制造业服务、客户及生产组织等领域的业务创新，都可视为数字技术对传统企业的数字化颠覆。数字化技术重塑不可避免。在技术浪潮的巨大冲击下，传统战略方法越来越无法满足复杂商业环境的多变需求，企业亟须做出调整，以确保业务的有效性和持续竞争力。《哈佛商业评论》2017 年 9 月的一份研究报告显示：相比于 20 世纪 80 年代中期高达 60%～70% 的占比，传统战略咨询业务仅占目前企业战略咨询业务的 20%；在步入 2018 年后，这个占比还可能大幅下降。相反，越来越多的企业着手制定与执行数字化战略。高德纳咨询公司（Gartner）2017 年 5

月的相关研究表明,到2018年底,50%的大型企业将拥有完善的数字化转型战略。

过去,信息技术只是被视为企业管理的支撑手段。如今,物联网、大数据、云计算、移动互联网、人工智能、区块链等新技术被视为企业赋能的驱动力,正在为企业的资产、设备、组织和人员重新赋能,数字化技术日渐成为数字化商业的核心元素。因此,各行各业都需要认真思考:如何在企业运营与管理的各个环节,实现与数字化技术的深度融合?如何深入理解数字化技术对原有业务的驱动原理及赋能方式,将数字化技术这个全新生产要素的势能与创新价值发挥到最大?

云计算:数字化转型的必由之路。数字化转型的技术方案几乎都离不开云。云计算日益成为从物联网到企业数字化平台的主流技术选择。大数据:全面进入行业应用。大数据是数字化转型的核心要素,金融、零售、工业、医疗、健康等领域成为大数据应用的热门行业,无论是智能制造、数字营销,还是智慧运营、智能风控,大数据都是其核心基础能力。未来所有数字化转型的企业都需要具备大数据采集、处理和分析能力,率先建立大数据平台并将大数据能力与商业模式创新相结合的公司,将获得明显的智能化、数字化领先优势。物联网:进入平台化发展阶段。物联网是实现对设备、物质进行数字化赋能的关键技术。基于物联网终端的边缘计算模式正在快速创新物联网的商业模式,其企业应用场景也从单纯地将设备与设备连接,发展为对资产的智能化赋能。物联网的普及正在从设备、网络向平台化方向发展,工业物联网平台正在成为各行业新旧动能转换关注的焦点。移动互联网:企业数字化转型的突破口。移动化彻底改变了企业内外的连接、沟通和协作方式，同时也重新定义了管理，重新定义了组织。人工智能：未来10年最具颠覆性的企业应用。人工智能将是未来10年最颠覆性的技术，不仅会改变人类的生活，还将改变企业的方方面面，成为企业数字化商业能力的重要实现技术。区块链技术：数字化的下一种颠覆性技术。企业现在需要关注的未来的基于区块链的交易模式、可信机制与现在的方式可能并不完全一样。区块链交易网络的去中心化意味着企业与客户可以进行直接实时交易，从而显著降低交易成本。这将是数字技术对商业模式带来的一次重大变革。

1.2 数字化时代的商业变化

竞争格局变了。随着数字化的进一步发展，市场竞争在加剧，行业与行业的相互渗透越来越普遍，已经很难对一个企业或者行业的"属性"进行界定，跨界与颠覆正成为一种潮流。百度、阿里巴巴、腾讯、京东、小米等互联网巨头积极布局数字化生态，零售业、制造业、金融业、医疗、农业等领域都面临深入的数字化颠覆与渗透，商业模式、客户体验、产业生态、企业核心竞争力被重新定义，企业经营的方方面面都在被颠覆与改变。

消费者需求变了。麦肯锡《2017年中国消费者调查报告》显示：越来越多的消费者表示，不仅需要购物体验符合自己的行为模式，也希望产品能满足个性化需求，彰显独特品位。这种基于个性化需求的趋势变化在B2B（企业对企业）领域同样表现明显。

营销渠道变了。线上线下相融合的全渠道购物已成为主流消费方式。麦肯锡《2017年中国消费者调查报告》显示：93%的受访者在购买消费类电子产品时会先在线上浏览产品信息再到实体店体验；96%的电子产品销售活动中，消费者或是先线下体验再线上购买，或是先线上研究再到实体店体验并购买。

消费者期待随时随地进行"场景触发式购物"或"体验式购物"。消费者不仅看重全渠道购物的灵活性，还希望能趁兴致所至，随时随地且随性地购物。我们将此称为"场景触发式购物"或"体验式购物"。例如，当消费者看到电视嘉宾穿着时装或在微信聊天中了解到新的美容产品时，瞬间被点燃购物欲望，就可能产生这两种购物行为。

客户互动方式变了。微信、脸书等社交媒体的兴起在改变了人们生活方式的同时，也给人们的购物习惯带来了巨大的变化。社交媒体迅速成为重要的购物渠道，人们可轻松在社交媒体上选购和下单。

运营模式变了。传统的信息化孤岛在数字化时代成为新的障碍。数字化运营的核心需求体现在：通过高度集成的数字化管理平台建立数字化营销、数字化研发、数字化生产、数字化服务流程；建立横向集成、纵向打通、端到端一体化的全新数字营销体系；建立可视化的产销协同平台、智能化的柔性生产控制平台、开放共创的产业协同平台；建立资源共享，智慧协同的企业运营管理体系，赋能员工，激活组织，实现智能化运营与管理。

传统企业面对数字技术带来的巨大挑战与机遇，必须重新思考如何面对未来的商业变革。一种全新的商业范式——数字化商业，正在崛起。

1.3 解构数字化商业范式

数字化商业范式与传统商业范式明显不同，具备更明显的互联网属性：交易平台化、管理智能化、金融泛在化、数据资产化、产品/服务/货币数字化、支付结算/票据/合约电子化、流程/知识/工作自动化。这些属性会影响商业模式、经营策略、客户体验、营销渠道、人力资源、产品创新、技术研发、客户服务与运营等企业经营的方方面面。

数字化商业范式下，连接、协同、共享是其基本特征。人与人，机器与机器，人与机器，人与组织，消费者与企业，不同企业或组织之间的许多信息都将是连接的，而且这种连接是智能的、实时的。这种连接也将打破组织边界，实现社会化的信息与资源共享。企业可以实时响应市场的变化与消费者需求，也可以通过企业间的产业链共享与协同，构建更有竞争力的商业策略。与此同时，企业的经营边界更模糊，社会分工更明确，产业协作更生态化，更趋向于社会化。人与人，人与企业，企业与企业之间的协同将创造出更低成本、更高效率的商业流程与模式，提供更好的产品、服务和客户体验。

随着企业深度应用数字技术，改善产品、服务及业务流程，将实现商业模式与管理方式的巨大变革。这些变革包括以下几方面。

客户导向：生产经营从厂商导向变为客户导向，真正建立起以客户为中心的商业模式和流程。

员工能动：企业组织从传统的"从上到下"模式转向"员工能动"模式，成为员工的赋能平台。

数据驱动：企业经营与管理从流程驱动转为数据驱动，数据超越流程成为新的运营核心。

智能运营：企业运营从业务流程信息化转向全面自动化、智能化，智能管理成为企业运营的基本需求。

全球资源：企业经营能力从本地资源运营转为全球资源整合，全球买卖、全球协作成为未来企业竞争的关键能力。

实时企业：企业运行从延时运营状态变为实时运营，"实时企业"的梦想得以真正实现。

1.4 数字时代新模式

互联网时代造就了新一代的速成企业，不足20年，就有了市值超过千亿美元或者万亿美元的企业。甚至有的互联网创业公司（规模很小，人数不足百人）刚刚研发出一种产品，就被资本估值数十亿元，成为"独角兽"公司。这种现象在大数据时代来临之后则更是常见。于是，很多专家学者开始研究，提出了各种各样的理论和学说，有"风口说""创新说"，也有"连接说"，还有各种版本的"互联网思维"的概念定义，每种学说都有它的逻辑和道理。通过近几年做各种研究的思考和总结，本书作者认为比较靠谱的学说是"平台说"。

本书之所以认为"平台说"比较靠谱，是因为企业战略的形态确实出现了创新。从福特汽车利用流水线大批量工业化生产非常复杂的汽车开始，企业战略形态就有了新的变化。企业的关注点从一个产品或者服务，开始延伸到整个产业链和工业通路的视角。本书梳理企业利用互联网技术和大数据技术进行商业模式创新的方法，总结了六种形态，供读者参考。

1. 资源共享化

社会上并不是缺少资源，而是缺少资源的有效配置。将高价值的社会资源配置在没有需求的地方，使它得不到有效利用，就会形成浪费。当然，也有人说"垃圾是放错了地方的资源"。有了信息技术，就能够采集各种资源的信息，并且能够让资源聚合。通过数据可以精准匹配资源拥有方和资源需求方，形成有效的资源配置，这样就可以最大限度地发挥资源的效用。

共享经济的核心就是资源的精准匹配。滴滴、优步、爱彼迎（Airbnb）是共享经济的典型代表。在这种模式下，资源拥有方的资源闲置，得不到有效利用，而资源需求方又有强烈的需求。通过一个系统平台能够将双方的诉求基于时间、地点和需求的差异化进行精准匹配。

例如，某公司有生产某个零配件的产能，但如果盲目生产，就有可能造成库存积压；而某公司需要一批零配件，但苦于找不到合适的供货商。将两者的需求在一个平台上通过算法进行匹配，形成合约，然后自动下单，就构成了一个共享经济的模型。本质上，滴滴、优步和爱彼迎就是这样的平台。在生产领域，这样的平台还很少，阿里巴巴的1688采购批发网就提供了这样的交流平台，但仅仅服务于某些产品，并不是服务于"资源"。而在服务领域，这样的平台就更少了。未来，基于产业的互联网平台能够在产业链上形成延展的共享经济平台，产生新的产业运营商。

目前，传统的共享经济大多是点状的，基于一个平台的单点、单次交易，由合约机制通过平台进行约束。例如，滴滴打车一次只匹配一名司机和一名乘客，没有其他的连续匹配关系；爱彼迎只匹配空闲民宅与游客的住宿需求，并没有其他的资源匹配。未来，基于区块链技术的链状和网状的交易模式一定会产生，并且正在产生，平台的运营商正在由传统的互联网电商逐步升级为产业运营商。

2. 产品服务化

产品服务化是将"卖产品"转化为"卖服务"，消费者不需要购买产品，只需购买产品提供的服务。产品服务化本身并不是一种新型的商业模式，它很早就已经存在。租赁就是一种产品服务化的模式，后来衍生的融资租赁也属于这种模式。消费者不需要出钱购买产品本身，只需要根据自己的需求租赁即可。

酒店就是典型的早期产品服务化的模式。消费者不需要自己购买住房，而是支付一日或者几日的"租金"，就可以在相应时间内获得房子的使用价值。这种模式逐步延伸到很多社会服务上。例如，年轻夫妇结婚时，新娘需要穿婚纱，因为不是日常所需，所以消费者不需要拥有婚纱的所有权，只需要在拍照和婚礼当天使用，使用完交还产品，支付相应的租金即可。服务提供者则需要购买产品，拥有产品的所有权。所以，产品服务化的本质是使用权与所有权的分离。

拥有了大数据技术之后，产品服务化就是一种商业模式的创新，这是因为互联网和大数据允许先前没有服务化的商品用于满足短期的或者临时的需求。例如，汽车行业之前的商业模式是销售汽车，消费者购买汽车，拥有权和使用权都因为购买交易而转移。后来，消费者可以通过贷款的方式抵押拥有权而更早地获得使用权。当消费者归还完贷款之后就可以完成所有权的交接，即消费者拥有了该辆汽车。如今，消费者可以拥有更多汽车的使用权，而所谓的"共享汽车"运营方始终拥有汽车的所有权，这就是"共享××"的创新方式。

在消费者信用足够好且能够追溯的情况下，运营方可以放心地将更多的产品使用权授权给消费者使用，并借助互联网、移动互联网、物联网、大数据等技术，确保消费者在使用过程中的财产安全和服务过程中的效率。消费者不需要同运营者面对面交接，只需借助自助服务完成交易，从而大幅提升了使用权交接和付费服务的效率。这就是技术带来的便利。

在互联网、移动互联网、物联网、大数据等技术获得充分利用的情况下，产品服务化的范围正在逐步扩大，电池、雨伞、房间、自行车都已被纳入临时使用范畴。此时需要注意这种放大效应背后的核心价值，因为任何商业模式的成功必须有盈利的出口。如果产品服务化的收入不能填补运营费用和产品成本，这种商业模式就是不成功的。当共享自行车的成本和运营费用高昂，而消费者的使用费不能填补成本费用时，这种商业模式就没有持续能力。所以在运作产品服务化商业模式的创新过程中，必须找到盈利点。

3. 服务智能化

为了降低服务成本，可以通过数据技术提升服务本身的智能化水平，利用系统提供更加智能的服务。在提高服务质量和增强客户体验的过程中，利用数据技术实现智能化，并在智能化服务的过程中采集更多的数据用于商业决策,形成一个基于数据的闭环,这就形成了一种新的商业模式创新机会:服务智能化。

传统的服务模式都是基于人工的服务模式,无论是售前、售中还是售后服务。根据消费者的个性化需求提供个性化的服务,对服务人员的素质要求高,需要对其进行大量的培训以确保服务质量。况且,利用各种激励手段完成一线服务人员的能力提升和积极性提升,不仅成本高,质量也难以保证。

应用信息化技术可以采集大量的客户服务信息数据。利用数据分析和人工智能技术,将客户服务进行智能化改造,可以减少人工服务及人工费用,降低服务差错率,提升客户体验及客户服务响应的及时性。虽然在初期,因为算法不够精准,数据不够完善,服务质量跟不上人工服务的质量,但随着数据的积累、算法的优化,智能机器人的服务水平可以呈指数级别提升。之前消费者对非人工的服务非常不满,原因是早期的"智能"服务仅仅是基于菜单的IT思维模式下的自动应答服务,消费者需要一步步地选择服务菜单。但现在只需要对着话筒说出自己想要解决的问题,智能机器人就能自动识别语音,解析语音内容并提供相应的服务。

智能机器人不仅仅被一线企业所采用,目前各地政府的"12345市民热线"也在逐步采用智能机器人应答的方式为市民提供服务。智能机器人的使用让一线服务数据采集更加智能化和自动化。之前客服人员不仅要接听客户热线,还要查询和记录客户信息,忙得不可开交。现在智能机器人为消费者提供的应答水平不仅超过了有经验的客服人员,还能够随时记录客户的相关反馈并自动分析,为产品研发设计改善、物流改善、服务改善提供分析支持，通过对数据的有效分析提升客户体验。

服务的智能化升级不仅仅发生在客户服务端，产品在使用过程中也会进行智能化升级。例如，一台智能电视机通过采集用户在使用过程中的数据，能够分析出用户最常看的节目及内容。它会自动推送节目，也可以把用户想看的节目保存，等用户有空闲的时候再看。这样，一台常规的电视机就逐步变成一种内容服务产品，成为一个满足用户视听娱乐需求的智能机器人。这就是服务的智能化。这种智能化是基于数据的智能化服务，不仅能满足"千人千面"的需求，也能满足"一人千面"的需求。

目前，越来越多的企业开始为自己的产品安装数据反馈采集器。通过对回传数据的分析和挖掘，能够实时监控设备的运行情况，预警设备故障的发生概率，针对即将发生的设备故障，在做好防范的同时提示其进行保养。这也是产品服务化的一种体现。

产品智能化升级是未来的趋势，而升级过程的核心还是数据。产品在被消费者使用的过程中产生的数据是否能通过分析和加工丰富产品本身所提供的价值，是未来值得关注的方向。真正的智能化是根据现实场景的数据采集，通过智能分析得到新的个性化指令，自适应各种场景并且不断优化产品所提供的服务。

产品和服务智能化的核心是数据，而这些数据的处理需要智能算法，并通过机器学习和人工智能不断优化，这就需要一套智能的操作系统。因为苹果公司的产品具有共同的操作系统，产品之间可以实现无缝连接，相互之间可以发送指令，所以苹果的智能家居产品能够相互通信，彼此优化，甚至实现彼此之间的指挥。

4. 员工社会化

随着互联网的发展，社交网络发展迅速，各种社交媒体不断涌现，大多数人都拥有微博、微信、钉钉、QQ、领英等各种社交媒体账号。人与人之间的社交不再仅是面对面的交流，也正在逐步虚拟化。虚拟化社交改变了企业的经营和管理方式，企业中上级管理者与下级员工的关系也在发生微妙的变化。原来科层制组织的上下级关系逐步社群化，企业的员工和客户的边界逐步被打破，员工社会化和客户员工化逐渐成为可能。

员工社会化是指借助互联网平台，让社会上闲置的劳动力可以参与企业的生产，而不需要正式雇用。社会劳动力在企业的平台上为客户提供服务并获得劳动报酬；而当社会劳动力没有提供服务时，企业也不需要向劳动者支付固定薪资，以及企业必须为员工提供的福利。平台成为连接劳动者（员工／社会劳动力）和服务对象（客户）的纽带。受行业淡旺季影响，一些企业在淡季面临订单减少、员工富余的情况；而另一些企业则在特定季节用工需求增长，人手紧缺。例如，在合肥经济技术开发区共享联盟的组织下，共享用工模式正助力合肥推动用工供需平衡、缓解企业压力。据《人民日报》报道，2020年8月，安徽首个共享用工联盟在合肥经开区成立，联盟轮值主席由已成功开展共享用工输入、输出的龙头企业海尔智家、联宝共同担任。联盟根据企业用工淡旺季、订单增减等情况，合理进行资源调配。目前该联盟已汇集海尔智家、联宝、世纪金源等34家企业，涉及智能家电、电子科技、汽车制造、酒店服务等多个行业。有了这样的平台，企业与企业间建立起了新的连接与平衡。"短时间内赶工期,共享用工模式提供了很大帮助,"联宝人力资源部总监何唯萍说道。在她看来,共享用工既能节约企业成本,又能助力就业稳定。如今,灵活用工领域覆盖了零售、外卖、商超、物流等各个领域,亦涵盖了一、二产业。"灵活用工""共享经济""人才共享"逐渐成为新的人力资源使用模式。2021年3月召开的国务院常务会议也明确提出"支持发展共享用工、就业保障平台"。为此,多地政府陆续开始推行"灵活用工"。北京、深圳、浙江、天津等地从用工形式、用工管理、保障机制、预防纠纷等方面给予了灵活用工政策支持。在这种新型用工模式下,无论个人还是企业都可以更灵活、更大范围地发挥自我价值。灵活用工将是未来的大趋势,共享员工或许将成为下一次雇佣关系迭代的主要形态。

员工社会化还有另外一种表现形式。宝洁公司同各大高校合作建立了科研创新平台,当宝洁遇到了研发难题或者提出了研发课题时,就将其发布到这个平台上。在平台上注册过的科研院所、自由科学家、实验室、大学老师或者研究生可以在平台上寻找自己感兴趣的课题,如果攻克了这些科研课题,宝洁将支付一定的知识产权费用,买下这个科研成果,然后通过自己的生产和销售体系对该科研成果商业化。这些科研人员一直都并非宝洁的员工,而是社会劳动力。这样,宝洁在不额外雇用研发人员的情况下,拥有了几十万名为自己提供科研的专业人员。这是一种科研任务众包模式,本质上是利用社会闲置科研劳动力为公司提供科研服务,将员工社会化。

虽然从表面上看这种模式与数据技术无关,但其实背后的平台运营者在数据采集和数据分析上花费了大量的精力。如果没有知识图谱和深度的数据分析与挖掘，用以实现需求和科研能力的精准匹配，这个平台的效率就会大幅度降低，甚至无法实现。通过背景调查与科研人员画像的方法，可以将科研人员的兴趣、能力和科研需求精准匹配，从而能够更加高效地实现任务交付，否则不仅耽误了时间，还可能会透露商业机密。这些都是数据技术在背后发挥作用的结果。

5. 客户员工化

客户员工化是指客户本来是企业销售产品和服务的对象，因为对产品的认可而成为企业产品销售的核心力量，像员工一样为企业推广产品。通过推广企业的产品，客户自己也会获得收益，甚至将产品推广作为职业。

员工社会化和客户员工化形式雷同，但出发点不同。前者是企业凝聚社会劳动力为自己的顾客提供服务，后者是企业把顾客培养成推广自己产品的销售团队。在企业运营费用控制的角度，两者的效果是一样的：不用支付固定薪资，能够让更多的人为自己的企业"增砖添瓦"，助力企业发展壮大。

6. 公司平台化

与前面五种商业模式创新不同，公司平台化是组织业务形态的创新。随着淘宝、天猫等平台化电商的崛起，"平台"一词越来越多地被人提及。什么是平台，平台化的业务模式到底是什么，这都是值得深度考虑的话题，因为随着平台化企业的涌现，很多平台化企业在短短时间内就突破之前企业规模的极限。为什么这些号称平台的企业能够在如此短暂的时间内突破这么大的规模？其背后的逻辑是什么？

经过深度研究可以发现，在信息技术和数据技术快速发展的过程中，越来越多的企业从原来封闭的组织结构逐步形成开放的组织结构，任何有能力、有技术、有产品的第三方都可以借助信息技术和数据技术参与企业的经营。在企业的边界被打破之后，企业逐步衍生成一种平台化的组织，为平台上的第三方赋能并享受这种赋能带来的红利。

淘宝通过构建互联网电商平台吸引商家在平台上销售产品。平台通过聚集顾客获得流量，使商家在平台上能够销售更多产品，就有更多的商家愿意加盟；更多商家加盟后会引入更多的商品，消费者就能够在平台上买到更多的东西。形成正循环之后，淘宝就能够成为一台自动运行的机器，不断发展壮大。淘宝平台通过聚焦商家服务，让商家免费使用平台的方式吸引了大量的商家，从而保证了商品的丰富性，并以商家为中心构建了一套支付和信用服务体系，即，通过用户评价和支付宝构建交易的信用体系，将自身打造成一个巨大的平台系统。

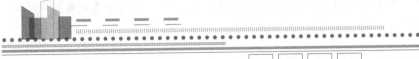

本章小结

对于传统企业来说,数字化转型是基于数字化的技术革命,将引发深刻的组织变革、管理变革、业务提升和模式创新。传统企业必须推进数字化转型,才能在未来的发展中具有竞争力。传统企业转型成为全面数字化企业,就好比从传统的绿皮火车飞跃式发展为高速列车。数字化是能够为企业带来巨大变革的时代力量。

在数字化时代,互联网技术、数字技术、人工智能技术、生命科学技术等嵌入各个行业,其核心特征是打破行业边界,跨界协同,重塑边界。可以将数字化时代的大部分行业规则看作无限的游戏。在数字化技术背景下,很多行业的产业条件和资源不再是行业的边界。领先企业的选择就是不断突破行业边界或者跨界连接,以创造新的生长空间。很多企业原本是某些行业的新参与者,但它们用新的逻辑建立起全新的行业规则,使原有行业具有了新的价值,从而拓展出不同的发展空间。因此,行业发展不再是行业内成员之间的竞争,而是行业内成员或者行业外成员对行业价值进行重新定义,从而产生新的空间,并提供比原行业更多的拓展可能性。新成员之间的关系也不再是竞争关系,而是合作共生关系,共同为行业的持续发展而努力。此时的成员不再关注谁赢谁输,而是关注如何让行业可持续发展;没有人去寻求自己的竞争优势,而是寻求共同的发展空间;行业也不再按照线性、连续的方式发展，而是更多地显现出不连续、非线性的发展特点。

在数字化背景下，行业发展的新特征正是"无限游戏"的特征。正如詹姆斯·卡斯所定义的那样，无限游戏玩的就是边界，而数字化时代的新商业模式或者新领域的出现，正是重塑行业边界的原因。

2020年春节期间，突如其来的新冠肺炎疫情让人们措手不及。为了严控疫情传播，国家采用严格的防控措施，包括春节假期延长、延迟复工等。面临此种情况，很多企业一开始都找不到解决方案，但是就在这种风险不断增加、每个人都被笼罩其中、充满不确定性的时期，依然有企业找到了自己的发展模式。在疫情时有反复的时期，它们在危机中发现了自己的机会。

在一个持续变化的环境里，没有人能够借助精准预测做出判断和选择。在这种情况下，正确的做法就是要朝着特定的方向，做好一次又一次调整自己的准备，并在前进的过程中不断检验和改变自己的策略，以适应不断变化的现实。在存在太多不确定性的市场中，持续而灵活的适应性是必须拥有的能力。

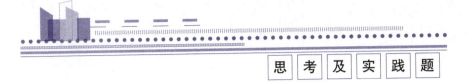

思考及实践题

1. 数字化商业的变革主要包括哪几方面?
2. 什么是数字时代商业模式的六种形态?
3. 请举例分析资源共享化。
4. 请举例分析员工社会化。
5. 请举例分析公司平台化。

第 2 章

企业数字化时代解读

学习目标

通过本章的学习,读者将能够:

- 了解企业数字化的战略思考。
- 熟悉企业数字化的三大误区。
- 理解数字化及企业数字化转型难的原因。
- 熟悉数字化企业的定义及其特征。

传统企业向数字化转变是一个颠覆性过程，并非一帆风顺，一蹴而就，需要企业高层管理者不断反思企业文化、公司战略、运营流程、组织架构以及外部合作等方方面面，这对企业成功进行数字化转型至关重要。

2.1 企业数字化的战略思考

重塑体验，以"客户至上"为纲。过去，企业只需侧重于大规模生产和大众市场渠道就能得以生存并稳定增长。然而，今天消费者的个性化需求愈加旺盛，还期望获得覆盖线下、线上和移动等各类平台的便利、个性化的消费体验。留住数字化时代消费者的关键在于以建立长期信任的方式管理客户数据，并最大化地利用数据来洞察消费者的喜好和需求，利用智能科技重构人、货、场，重塑营销场景和用户互动模式，满足个性化消费与体验需求，实现营销精准化、营销场景化、营销社交化。

调整战略，为新一波竞争做好准备。数字化为企业赋予了迅速进行低成本扩张的能力，可以一举甩掉老旧体系和"通常做法"的包袱。过去，销售网络需要数年才能搭建起来，而如今一夜之间就能完成。这样一来，竞争将会激化，新赢家可能从各行各业涌现出来。大型传统企业（包括国有企业）必须适应这样的挑战，否则就会陷入困境。在众多数字化创新案例中，新兴企业往往比传统行业的领先企业更善于通过挖掘数据提升其市场洞察力和竞争优势。企业领导者必须认真对待，重新审视竞争环境，重新思考行业未来发展趋势，从而调整并制定创新经营战略，重新定义企业未来的市场地位与竞争优势，以期在未来的市场竞争中获得巨大效益。

运营转型，迎接数字化、智能化变革。数字化要求企业变革旧的运营流程和业务模式，同时还要更敏捷、更灵活、更智能。在专注于重塑客户体验的同时，企业还需要着力于将数字技术融入制造、供应链、财务和人力等后台运营环节中，从而提升运营效率并降低成本。借助大数据整合，能优化企业决策，改善资源分配，实时监测运营状态和掌控经营情况，更好地倾听客户意见。借助物联网、云计算等技术，可构建智能工厂，实现智能制造、智能物流、远程运维，实现制造过程可视化、设计制造一体化、个性化定制、网络化协同制造。借助互联网平台打造数字化供应链，可实现物资采购全球寻源与供应商动态管理和评价，通过企业社交工具实现与产业链伙伴间的信息共享与业务协同。借助共享服务平台建设，可探索财务、人力资源和信息技术等方面的服务共享与精益化管理，打破业务部门之间的"围墙"，实现端到端的价值导向服务，大幅缩减运营成本，提高运营效率，降低运营风险。

打造能力，数字化重塑人才、组织与文化。随着数字化变革的愈加深入，越来越多的企业开始意识到数字化人才转型对于企业实施数字化战略的重要性。然而，在人才结构性短缺的大背景下，只靠从外部引进数字化人才远远不够。另外，数字化人才的培养发展也面临诸多挑战：第一，传统人才发展的速度难以匹配企业战略迭代的速度；第二，员工学习效果不佳，培训成果转化率低；第三，员工对于培训的期望值攀升，要提高员工的学习体验；第四，知识的可获得性增加，筛选、配置资源时要兼顾速度和系统化。面对挑战，企业需要拟定着眼于未来的数字化人才战略，重塑以员工为中心、激发员工活力、赋能组织创新成长的思维模式，连接工作场景和职业生涯发展，充分应用数字化技术，打造开放、共享的人才发展新环境和扁平化、平台化的组织架构，这才是关键破局之道。

共赢生态，构建协同共享的新型合作伙伴生态。在数字经济时代，产业链中的主要活动已不再局限于公司内部。今天，阿里巴巴、京东等电子商务平台可以为商家提供数字化物流、营销与支付服务。携程、途牛等旅游门户网站汇集了产业链上的航空公司、酒店、汽车租赁公司和保险公司等，用户可以轻松地制订完整的行程。为了最大化商业生态的价值，昔日竞争对手也可以成为联盟，统一相关标准，打造更广阔的市场。"无生态，不商业"正在成为未来商业的新定义。连接、协同、共享成为未来商业的基本特征。在未来的商业形态中，企业作为产业生态的有机组成部分，可能成为产业生态的主导者，也可能成为产业生态的参与者。

2.2 企业数字化的三大误区

1. 误区一：数字化等同于信息化

数字化并不等同于信息化。相比于更加注重推动业务流程再造与优化的"信息化"，"数字化"对于驱动企业运营模式的转变则更加有力。数字化关乎企业经营战略与商业模式，企业采用数字技术不仅是为了提升公司效益，还要实现业务转型并创造新的商业机会，而不只是优化现有的业务。例如，真功夫集团是国内知名的快餐连锁企业，该企业借助数字化技术打造"中央厨房补给舰"，基于涵盖原料精选、过程监控、成品检测、三温储运、可追溯体系五个环节在内的食品安全体系，为社会上数以百万的中小餐饮企业提供原料、加工、配送等专业化服务，进一步实施中央快餐孵化器战略。借助数字化技术发挥自身产业优势，创新孵化数字化商业模式，构建社会化产业新生态，是传统企业数字化转型的全新探索与实践。数字化转型不是一个短期项目或计划，它需要企业高层的充分参与、全力推动，需要企业从战略、业务、文化、组织、人才等多维度着手开展。数字化转型不仅关乎技术，其关键在于为客户、合作伙伴和员工创造惊人的新体验和价值，重构组织、流程、文化，重新定义产品与服务，重塑企业战略与商业模式，从而驱动企业经营绩效有效增长。企业数字化转型不仅仅是一次IT职能的升级；企业一旦启动数字化转型计划，就要全方位投入，重新审视市场竞争环境，重新思考数字化未来的行业格局，找到企业未来的核心竞争优势，明确未来的产业竞争地位，进而制定符合企业实际的数字化战略，从营销、管理、产品及服务等多方位着手行动，逐步实施。数字化，并不是实施一项技术或是达成战略性的发展计划，它是一个将所有正确的数字化创新整合到一起，连续优化传统技术，探索新技术并正确投资发展型技术以保持企业核心竞争优势的连续统一体。例如，正在经历数字化颠覆的银行业，从现金和支票系统向智能转账、移动支付等无处不在的数字化系统转变，正在进入"无现金时代"，这个过程经历了十几年的不断演进。企业数字化转型是一个传统企业重塑的漫长过程,是从管理运营、产品服务、组织人才等多维度不断突破重塑的过程,是一个"从数字化评估、数字化行动,到数字化再评估、数字化再行动"的不断往复、循序渐进的商业进化过程。

2. 误区二:数字化意味着彻底改变业务

阿里巴巴、百度、腾讯、谷歌、亚马逊等国内外互联网巨头对传统产业的降维打击,以及滴滴出行、美团单车、特斯拉、爱彼迎等独角兽企业对传统行业的跨界颠覆,都加速了传统企业的生存危机,也让很多人认为,数字化意味着彻底改变业务,成为一家在线企业或互联网企业。其实这种看法是对数字化的严重误读。智能化的运营核心是运用技术优化或构建新的业务模式、流程、软件和系统,带来更丰富的利润与收入,更出色的竞争优势,以及更高的效率。企业可以通过运营管理的智能化创新,变革流程和业务模式,提高员工工作效率和创新能力,改善设计并满足个性化客户体验。打造数字化供应链,可以实现精确的需求规划、实时库存管理和可靠的订单履行,并能提高工作效率、效能和可视性。打造智能工厂,连接企业价值链的各个端点(组织、人、设备、软件等),实现数据资源共享、多组织网络协同制造、无人工厂、数字孪生、柔性制造、智能排产、智能物流等,将有益于企业加快产品上市速度,实现精益的运营,并能更灵活地应对市场变化。当前,电子商务高速增长,社交媒体快速普及,中国的零售市场从未如此充满诱惑力,也更富于挑战,创新不断,革命不断。淘宝、京东等电商平台的迅速崛起,颠覆了企业传统的营销渠道。盒马鲜生、永辉超级物种、猩便利等新零售方式的探索,颠覆了消费者传统的购物体验；微信、微博、脸书等社交媒体，虚拟现实技术、电子支付的深入应用，颠覆了传统的消费体验和场景。数字营销，即利用智能零售科技重构人、货、场，实现营销精准化、营销场景化、营销社交化、营销个性化。无论是以共享单车、滴滴出行为代表的共享经济创新企业，还是以特斯拉、蔚来汽车为代表的新一代智能汽车制造企业，或是以蚂蚁金服、腾讯Fit、京东数科为代表的新一代互联网金融企业，以及以找钢网、国药集团赛飞（SAVE）医药物流网为代表的产业生态创新型企业，都是借助数字技术驱动企业经营模式、商业模式创新变革的代表，它们的共性在于构建一种全新的未来商业范式：数字化商业。在数字化商业时代，企业的经营边界更模糊，社会分工更明确，产业协作更生态，更趋向于社会化。连接、共享、协同是数字化商业的三大基本特征。连接将打破组织边界，实现社会化的信息与资源共享。企业可以实时响应市场与消费者需求的变化，也可以通过企业间的产业链共享与协同构建更具有竞争力的商业策略。

3. 误区三：数字化其实就是搞虚拟经济

近年来，电商崛起，共享经济爆发，平台型经济井喷。这些颠覆了传统实体经济的运营模式让很多人看不透、读不懂，甚至把数字经济直接等同于虚拟经济。虚拟经济与实体经济，数字经济与传统经济是对称的，但绝不是对立的概念。传统意义上的虚拟经济更多是指金融产业；"互联网+"的产出和呈现是数字化的、虚拟无形的，因此也被称为"虚拟经济"，但这种叫法（尤其是将其当作实体经济的对立概念）是不合理的。未来，随着技术的渗透和演进，数字化平台将进一步发展，数字经济的蛋糕会越做越大。新的实体经济替换旧的实体经济是一种必然趋势，更多的传统实体经济将走向数字经济体。从本质上讲，"互联网+"的核心价值就是借助网络和人工智能节点，将消费需求和生产等资源细分、量化，并在人工智能的辅助下最终达到"以最小资源尽最大可能地满足用户需求"的终极目标。"互联网+"本身更像一个方法论，它构筑了一个以撮合供需交易为核心平台，以发现供需、匹配供需、分发供需、交易供需为关键环节的"新实体经济"全流程生态圈，创造性地降低了全流程成本，最终实现实体经济转型升级。可以预见，未来所有企业都将是数字化企业。在新一轮的以数字经济为主导的全球一体化资源配置过程中，企业必须根据自身优势在行业产业链中重新定位，转型到更适合的位置上，最终实现企业全面数字化转型。

2.3 如何理解数字化

截至 2022 年 12 月，中国网民规模已达 10.67 亿，互联网普及率达 75.6%，社会消费品零售总额的 27% 在线完成，多家企业的产品有 60%~70% 在线销售，网络支付用户规模达到 9.04 亿。大部分人已经无法离开在线状态生活。由于越年轻的人群和网络越接近，可以预言，下一个 10 年，中国数字化的普及程度将更高。随着万物互联的推进，数字化将会覆盖一切的人和物。

针对"如何理解数字化"这一问题，腾讯高级执行副总裁汤道生回答，数字化转型的核心概念，是度量与优化。数字化意味着可度量，有度量、有连接，就能改进、激活、优化。阿里巴巴公司钉钉业务的负责人叶军回答，数字化的作用是帮助企业和组织更敏捷地调整，以应对外部的变化。IBM商业价值研究院的回答是，数字化的核心是决策应变，衡量标准是从变化发生到提出有效对策的时间长短。一个组织的数字化转型目标是决策权向前线人员转移，让离客户更近的人调配资源。汇付天下董事长兼CEO周晔说，数字化由四件事构成。一是要在线连接人、设备和流程等，采集关键节点数据后，能够秒级感知发生了什么。二是实时归因分析，在数秒内知道为什么会发生这些事。三是能够通过模型，预测会发生什么。四是能够自动采取应对或决策。

天道金科总裁任军霞举例说，某生产资料企业的年销售额可达数百亿元，有近万家大大小小的客户。其数字化转型方式是建立一个平台，把每家客户的运营数据、征信数据放在上面，进行分析，为企业提供决策服务。例如，对某些客户可以放宽账期、增加信用、促使其扩大采购量；对某些客户则可以提供供应链金融服务。通过数字化转型，客户和企业不再是简单的产品买卖关系，黏性也显著增加。

新希望乳业董事长席刚说，数字化表现为两方面，一是和客户关系的连接，越近越好；二是供应链的数字化应用，例如建立智慧牧场和智慧工厂。

在博世苏州工厂，博世互联工业事业部总经理贾睿萌说，在未来的数字化智能工厂中，除墙壁、地板、天花板是固定的之外，其他物品都可移动。生产线将模块化，各种加工设备可以移动并重组为新的生产线。它们将通过5G网络与其他机器和其他流程功能进行无线通信，并通过感应式充电系统从地板供电。

未来没有哪一家企业不是数字化企业，未来的优秀企业一定是数字化能力优秀的企业。数字信号简单透明，它天生就是穿越者，可以穿越模拟世界的层层阻滞，让信息对称，把要素激活，迈向资源配置的最优之境。

2.4 为什么企业数字化转型难

不少企业说，数字化转型很难，虽然请了不少外包服务商，花钱了，却没有什么效果。本书认为问题在于：一是企业领导人自己在数字化转型中不下场，不参与，不学习，思维不变革。二是把数字化简单理解为上网，而不是将资源普遍地连接和打通。如果资源是单点的孤立存在，即使上了网，也依然是孤岛。三是企业不是从价值链全流程的每个环节出发，一一梳理，考虑如何通过数字化的导入，提升每一处的精益性、准确性，减少浪费，而总是希望通过外包商用某种技术去"点石成金"，结果肯定不理想。四是把数字化当作某个部门和环节的任务，而不是从思维、组织、流程、全价值链、日常工作等方面，让数字化变成一种习惯。企业负责数字化推进的部门和其他部门的对接也存在障碍，例如语言体系不一致。五是企业往往不是真正站在用户立场思考问题，并不真正重视用户体验。

优衣库的CMO介绍说，马化腾和张小龙帮他们做数字化转型时，是从微信小程序的很多细节入手，告诉他们某个点应该放在哪里，某个功能应该在第一屏就出现等等,没有什么大道理,而是基于用户体验做出改进。

蔚来汽车CEO李斌周末也经常拜访客户,每天都在蔚来的App上和车主、用户、合作方互动,有时还发红包。传统车企的模式还是"人找服务",蔚来的模式则是"服务找人"。

在一些传统企业,一说搞数字化,领导总是命令开发一个自己的App,似乎App就是数字化的标配。但以优衣库和喜茶为例,部分创新型企业最看重的指标是微信小程序的数据变化。小程序的数据变化图都贴在很醒目的位置。中国的流量基本集中在大平台,不像国外,独立站点也有很大流量。所以在中国,不妨更多利用互联网大平台提供的机会(如小程序、公众号、视频、直播、支付软件),渗透进去,为我所用。

如果一家公司没有很强的IT、数据团队;没有分布式创新和扁平化管理的意识;没有云的思维,不了解互联网平台的生态内涵并不能与之合作;没有在用户服务、生产和管理流程、供应链等方面采用云和SaaS(软件即服务)服务,并深度参与定制化开发,则几乎可以断定,其数字化转型不可能有太大作为。

2.5 数字化企业的定义及其特征

业界对"数字化企业"并没有统一的定义。以下是几种典型的数字化企业定义。百度百科称:数字化企业是指那些由于使用数字技术,改变并极大地拓宽了自己的战略选择的企业。数字化企业具有自己的战略特点，它们建立了一种企业模式，能够以新的方式创造和捕捉利润；建立新的、强大的客户和员工价值理念。咨询公司埃森哲认为：真正的数字化企业并非只是依靠新技术取得成功。企业文化、战略和运营方式才是令数字化企业脱颖而出、拥有竞争优势的关键所在。数字化企业会不断寻求、识别并开发新的数字化业务模式，始终确保以客户和员工为中心。咨询公司高德纳的定义是：数字化企业是以客户为中心，通过数字化技术推动自身业务重塑和转型的企业。百度百科的定义强调运用技术改变战略，埃森哲把技术、文化、战略和运营这几个方面的融合作为数字化企业的关键，高德纳则更聚焦于运用技术的业务重塑和转型。

结合业界对数字化企业所下的定义以及业务价值感知等方面的因素，本书为"数字化企业"下了一个定义：数字化企业是具备连接、在线、共享、智能4大关键特征的企业。

连接是企业数字化转型的基础。数字化企业首先是在基础层面互联互通、打通内外部连接的企业，一方面，其在企业内部实现了人与人、物与物、人与物、人与组织的全连接；另一方面，其在企业之间实现了与企业员工、客户、合作伙伴、供应商、外部数据空间的连接。所谓在线，是指在连接的基础上，通过业务流程化和流程数字化，实现业务在线、组织在线。在数字化转型过程中，企业要注意逐步推进"大共享"的管理理念。成功的数字化应该包括两项关键共享服务：共性业务的平台化和服务化，以及数据的资产化和业务的可视化，从而推动企业在管理上朝着平台型组织转变。随着企业数字化转型的深化，企业进入以"数字孪生"为目标的全业务数据感知阶段,产生的大量业务孪生数据将成为企业最核心的资产和生产要素。企业智能主要体现在三方面:业务流程场景智能、业务管理决策智能和人际协作智能。

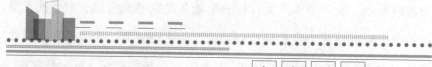

本章小结

数字化转型需要改变企业的业务流程和运营模式，尤其是与之相匹配的企业文化、管理者的责权利、员工的工作习惯等。因此，数字化转型绝不能仅仅着眼于上线一个新的技术平台、引入一套新的技术工具，不能将其等同于技术性方案。从解决的难易程度来看，技术问题反而是最容易解决的问题；而最难解决的、可能让许多企业不愿意面对的问题则是如何改变人的思维、文化、习惯和岗位的责权利。

根据约翰·科特（John P. Kotter）的研究，企业要进行大规模的变革，亟待解决的核心问题就是改变人们的行为。要改变人们的行为，激发认同感是关键。有效的变革管理就是让与变革相关的员工和所有利益干系人在长远价值上达成共识，自愿做出改变，主动接受变革，构建起"力出一孔"支持变革的组织氛围。

当变革与转型成为常态，成为决定性变量时，企业最需要的就是领导者对旧的思维模式和行为模式的改变。20世纪90年代IBM成功转型的背后，是郭士纳（Louis Gerstner）对IBM思维模式和行为模式的改变。约翰·科特教授认为：取得成功的方法75%～80%靠领导，其余则要靠管理，不能反过来。管理不是领导，管理的作用是让一个系统正常运行，帮助员工完成自己知道如何完成的事；而领导的作用是建立新系统或者改变旧系统，带领员工进入全新的、很少了解甚至完全陌生的领域。这一点在快速变革的世界中有着巨大的启示意义。

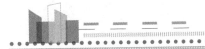

1. 什么是企业数字化的三大误区?
2. 为什么企业数字化转型难?
3. 什么是数字化企业?
4. 请描述数字化企业的特征。企业智能主要体现在哪些方面?

第 3 章
企业数字化目标

学习目标

通过本章的学习,读者将能够:

- 了解企业数字化目标与价值。
- 熟悉企业数字化核心战略与路径、企业数字化转型的三大趋势。
- 理解企业数字化转型的三个坐标、转型标杆的领先密码。

越来越多的企业已经感受到数字化转型的紧迫性和艰巨性，而其中绝大多数企业也已经意识到数字化的重要性，并且已经着手制定数字化战略及行动计划。在第二章，我们针对很多企业在数字化转型中存在的认知不全面、策略不明确、执行不到位、效果不明显等问题总结了企业数字化的三个误区，解释了为什么企业数字化转型难，相信会对很多企业有一定的启发，从而在数字化道路上少走弯路。本章将重点介绍企业数字化的目标，希望企业管理者明确一个观点：数字化是手段而不是目的。企业数字化的初心是帮企业解决问题，创造价值，实现经营目标。

从企业战略视角看，企业数字化的目标在于借助数字化创新或转型，拥有更强竞争优势，取得更高经营绩效，实现更可持续的发展；从企业经营视角（商业目标）看，企业数字化的目标在于借助数字化创新或转型，实现增加收入、降低成本、提高效率、控制风险等企业经营绩效目标。

3.1 企业数字化目标与价值

埃森哲发布的 2018 年《中国企业数字转型指数》报告显示，已经有一批中国企业转型成效显著，他们被称为"转型领军者"。过去 3 年，这些领军者企业营业收入的复合增长率高达 14.3%，远高于同期调研中企业的 2.6%；其销售利润也远高于其他企业，达到了 12.7%，而同期其他企业的销售利润仅为 5.2%。

很多中国企业同时也在纠结两个核心问题：数字技术将如何驱动企业获得新的增长？企业需要从何处着手将自身打造成真正的数字化企业？企业数字化的关键在于借助云计算、大数据、人工智能、移动互联网、区块链等数字技术的多业务场景应用，实现企业的"敏经营""轻管理""易金融""简IT"，从而支撑"增加收入、降低成本、提高效率、控制风险"等企业经营绩效目标的实现。"敏经营"，即业务创新，是指企业基于互联网化的方式进行企业经营改造，实现移动化、数字化、智能化的高效业务经营。对用户而言，其意味着基于社交社群等互联网方式直联最终用户，从而构建出掌握渠道终端的数字营销策略，响应客户、服务客户，真正把握住客户真实需求并经营客户。于产业链而言，"敏经营"则意味着打破产业链间协同的地域界限、行业界限，创新企业经营模式，实现社会化产业链协同，资源及数据共享。"轻管理"即管理变革，涵盖组织变革和业务变革两方面。从组织变革角度而言，"轻管理"是将组织彻底扁平化，打造扁平、灵活、为员工赋能的进化型组织，连接上下游伙伴和消费者，建立即时沟通、信息透明、知识共享的协同工作模式。"易金融"即金融创新，通过金融嵌入，将金融服务融入各行各业的业务场景，让企业享受更加便利、更低成本的金融服务。企业的金融服务将转变为场景化、数据化、泛在化的服务。"简IT"即IT升级，是指在进行"敏经营""轻管理""易金融"等业务的同时，实现IT的云化升级与改造。借助云服务按需使用和按用户付费的特性，有力支持企业业务与组织扩展、调整，实现IT弹性部署，大幅减少一次性投资和IT资源浪费。"简IT"使企业无须配置专业IT团队，降低了IT的使用难度，将企业业务创新、管理变革的门槛显著降低。

3.2 企业数字化核心战略与路径

2015—2017年，用友企业数字化咨询服务专家团队进行了调研，并参与了近百家大中型企业集团的数字化战略与实践，发现未来企业数字化将主要围绕三大核心战略展开：聚焦组织内部运营的"数字化管理"，聚焦组织外部客户运营的"数字化经营"，聚焦产品、服务、商业模式创新的"数字化商业"。

数字化管理聚焦财务、人力、制造、供应链等内部运营环节，旨在应用数字化技术，实现管理运营数字化，赋能员工，激活组织，降低现有价值中各环节的成本，提升运营效率。数字化经营聚焦营销、服务、渠道等围绕客户体验的运营，旨在通过应用数字化技术，实现数字化敏捷经营，更精准控制营销通路和满足客户需求，增加营收和利润。数字化商业聚焦产品、服务、商业模式的数字化创新，旨在通过数字化技术应用对企业当前产品和服务的数字化进行改造，或者开发新型商业模式，利用数字化技术驱动业务和业绩增长，构建全新的社会化、数字化产业新生态。

企业数字化的过程并不是一蹴而就的，而是一个循序渐进的过程。企业管理者应充分理解"数字化管理""数字化经营""数字化商业"这三大企业数字化核心战略方向，同时要充分结合企业自身所处的市场竞争环境和业务发展阶段，逐步开展转型工作。

本书整理了7条值得借鉴与参考的企业数字化转型实践路径，如下：①数字化营销（包括全渠道零售、全媒体营销、全会员管理、渠道数字化），即利用智能零售科技，重构人、货、场，实现营销精准化、营销场景化、营销社交化、营销个性化。②智能化制造（包括运维数字化、智能工厂、智能物流、大数据运营），即基于新一代信息通信技术与先进制造技术的深度融合，贯穿于设计、生产、管理、服务等制造活动各个环节的智能化、数字化转型过程中。③共享型服务（包括财务共享服务、采购共享服务、人力共享服务、IT共享服务），即以服务客户的文化和持续改进的文化为核心，打破业务部门之间的"围墙"，实现端到端的价值导向服务，促使公司在更大范围内，甚至在全球范围内集中精力发展其核心能力，从而为各业务单位提供更多的附加值。④进化型组织（包括组织发展、组织文化、社交与协同、知识驱动），借助企业社交协同平台，实现组织由传统层级结构向扁平化平台的转变，构建无边界的学习型组织，打造知识与创新驱动型组织。⑤社会化商业（包括产业云平台、区域经济圈、工业云平台、数字化平台、能力API化），即产业生态数字化，开展以区域政府、产业龙头、平台组织等为主导的产业生态平台建设，依托区域经济圈、产业互联网、工业互联网等生态云平台，融合API（应用程序编程接口）经济、共享经济、网络协同经济，形成全产业，大区域乃至全球资源共享、组织协同、生态融合的数字化新商业形态。⑥泛在化金融（包括供应链金融、电子支付、企业理财、金融数据化），即融合企业业务场景的智能化、综合型的企业金融服务，主要包括支付结算、企业融资、财务管理、企业征信、数控风险等。⑦云架构支撑（包括IT云化、终端云化、研发云化、设备云化），即以硬件、软件、数据等基础要素迁入云端为先导，快速获取数字化能力，不断变革原有体系架构和组织方式，通过融云、上云、迁云这三条不同路径，有效运用云技术、云资源和云服务，逐步实现核心业务系统云端集成，促进跨企业云端协同，不断融入开放创新生态的数字化变革与创新的过程。

3.3 企业数字化转型的三大趋势

在数字时代的背景下，数字化转型对企业而言不再是可选项，而是每一个企业的必修课。在探索数字化的具体转型路径时，企业必须要思考的问题是：所面对的技术与时代趋势是怎样的，自己所处的产业环境与市场是怎样的，自己企业的数字愿景是怎样的。在充分洞察内外部环境的基础上，才能找到更适配、更高效的数字化解决方案。

今天的数字化呈现了三大趋势。

第一，数字化的定义和解决方案没有标准答案。企业和团队在推进数字化转型的过程中必须达成共性认知，给出自己对于数字化的具体定义。本书认为，如果信息化时代解决的是商业标准化的规模化问题，那么数字化时代则要解决非标准化的规模化问题。这是数字化赋予企业的时代目标。

第二，未来10～20年间企业无论所处行业，也无论现在的体量规模，都终将面临两个选择：一是在所处的赛道里，成为可以给行业、产业链以及生态圈赋能的平台型公司。成为这样的企业有一个根本性前提，就是成为"行家里手"，对于本行业的生产、经营及各种业务场景都极为熟悉。同时，这家企业要拥有属于行业的大数据，并愿意共享数据，以及在这些数据基础上的运维能力，即算法。二是无法或放弃成为平台的企业需要加入行业的平台生态圈中，成为其中的产品、服务提供商。通俗地讲，企业未来的发展路径一是发展成为行业的平台，二是作为参与者加入行业平台。中间状态恐怕难以为继。

第三，数字化正在深刻重构过去几十年甚至一两百年所积累起来的企业管理逻辑。本书的观点是，数字化已经在方法论和工具层面重构了管理学。

总结而言，数字化时代的三个趋势为：一是非标准化产品及服务的规模化；二是未来的企业要么自己成为平台，要么加入一个平台，不可能游离在数字化系统之外做独立的、孤岛式的运营；三是数字化转型不仅重构了企业生产、设计、流通、销售，更是对企业传统的经营管理进行了组织重构。这是我们今天看到的一批数字化企业所走出来的范式。

3.4 企业数字化转型的三个坐标

从数字化的落地方法上来看，有的企业从客户端开始数字化，有的企业从供应链开始，还有的企业从生产开始。无论从哪里开始，都应该注意一个问题：数字化的目的不是解决某一个业务模块的问题，而是要重构整个企业。无论从哪个场景切入，最终都会倒推企业的经营、管理及组织的转型，实现全流程的数字化。

在这个过程中，我们需要注意三个关键点。

（1）数据积累很重要。企业要推进数字化转型，关键的一步是将客户端、供应链端以及生产端等的信息数字化；

（2）算法很重要。算法是数据使用的过程，是企业运用数据，挖掘数据价值的能力；

（3）场景很重要。数字化解决的是非标产品及服务的规模化，那就离不开各个场景——产业场景、企业场景、生产场景、缴付场景等。"数据+算法+场景"是企业数字化方法论中三个最基础的坐标，缺一不可。企业必须把这三根"柱子"先夯实了，才能在此基础上寻找以点带面的、系统性的数字化解决方案。

另外，谈到数字化转型的方法论，本书认为在这一轮的数字化管理重构中，中国企业是有机会向全球输出我们的管理理念和管理方法的。短短几十年里，中国企业在消费互联网领域中积累了大量的数据、算法以及用户习惯。这种巨大的势能正在快速推动产业互联网的转型，这是中国在今天的优势。当然，在互联网基础技术方面，美国依然很强，但中国拥有很强的应用优势。我们看到，数字化基本上是由消费互联网推动产业互联网率先开始的，也只有迈过产业互联网这一步后，整个产业的数字化才构建完成，不再只是消费互联网业态。

最后，对于今天的数字化而言，并没有谁拥有静态的标准化答案。唯一的解决方案是通过交互学习，取他山之石，再回到自己企业的管理场景中进行个性化的系统和流程再造。

3.5 转型标杆的领先密码

我们来看一个转型的标杆案例。新奥集团作为一家曾经的能源供应商和分销商,其数字化转型之路已经"步步为营"地走了近十年。新奥集团有以下三个特点。

(1)未雨绸缪。从战略上来看,新奥集团的数字化转型并非迫不得已的"悬崖逃生",而是在经营良好的情况下主动开展的,这其实是非常值得思考借鉴的一点。在稳健发展的时期,企业更有信心和实力面对可能要承担的试错成本,遇到不确定性风险时也能更为从容镇定地积极应对。

(2)"没事找事"。从业务上来看,新奥的市场很好,销售收入稳健上升,技术投入不断深耕。在这样的条件下,可能有些企业没有动力去调整,但新奥选择了再造组织。再造组织的目标是为了实现能源数字化平台的愿景。二十年前,新奥引进了IBM咨询团队,并开始使用平衡积分卡系统,以此为基础进行了一次组织变革。这套系统发展到后来所遇到的问题是,当集团业务遍布全国200个城市后,管理遇到了天花板。树状管理模型中一种常见的情况是,整个集团从一线工人到高层管理人员,中间大概隔了十个层级。这些层级大都不是直接创造客户价值的,他们主要的任务是管理。从企业组织结构上来看,当时新奥集团有四五万人,管理岗位就占到了七八千人。这些人有很强的能力,也拿着很高的薪酬,但不直接创造客户价值。如何让这些人才贡献出更大的市场和客户价值,是新奥需要解决的问题,所以组织的数字化转型就成为一个重要切入点。

（3）革除弊病。前面提到，新奥原来的管理组织中有多个管理层级，例如一张 200 万的预算采购单需要总裁签字才算审批通过。总裁虽然有着绝对的审批权，但他对于这 200 万花得值不值一无所知，甚至到了第三个人签字时就已经不知道这笔钱花得值不值了，他签字只是因为他前面的人签过字了，这就是传统树状管理流程带来的弊端。新奥很早就想革除这些弊端。在类似决策面前，新奥认为应该让企业过去积累的经验、市场外部的动态信息以及内部决策者的判断同时发挥作用，而不依靠传统的层层上报。为此，新奥提出了"理正"的理念，按照作者的理解就是共创共享共治，打造大平台小终端，集团弱化管理，强化每个人的能力标签。有了能力标签之后，员工通过新奥自己搭建的 icome 平台，可以自由选择工作，组合资源，了解需求，所创造的价值和受到的激励也能更快更准确地显现。可以说，新奥是传统企业数字化转型的重磅案例。当然，这并不意味着它的方法可以直接套用在其他企业当中。还是那句话，数字化需要取"他山之石"，至少在目前阶段是这样的，还没有标准化答案。企业给予场景和目标，探索组织和流程的变革，才是数字化的最优解。

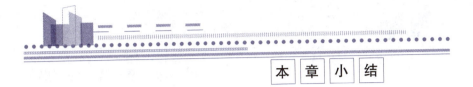

本章小结

尽管新冠感染给全球经济带来了前所未有的冲击,但数字经济却得到了长足的发展,甚至成为所有主要经济体经济复苏的关键。无论是产业数字化带来的产业转型升级,数字产业化技术变革催生的诸多新兴市场,还是因经济范式重构而释放的社会价值红利,都将成为未来经济与社会发展的关键助力。数字经济,未来可期。

数字经济将深度实现社会价值,助力早日实现碳达峰和碳中和,有效缓解人口老龄化带来的劳动力短缺问题,消除数字鸿沟,推动共同富裕目标的早日实现。首先,随着"云物大智链"的普及,数字经济及其产业链的碳排放呈指数级增长,领先的数字经济企业已陆续开始制定路线图,带头实现全产业链的净零排放;数字经济也将通过智能化手段有效帮助建筑、能源等领域降低水、煤、电等资源的消耗,推动碳中和的早日实现。其次,以人工智能为代表的新一代技术的应用,将通过自动化等手段,用机器人代替人类完成任务,缓解劳动力短缺问题。最后,数字经济的发展,将通过带动产业转型升级,促进信息流通和治理水平提升,全面推动经济发展,促进收入分配公平,助力消除贫困、改善民生,实现共同富裕。

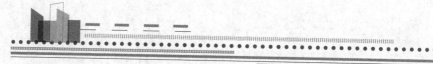

思考及实践题

1. 企业数字化的目标和价值是什么?
2. 企业数字化转型的实践路径有哪些?
3. 数字化时代的三个趋势是什么?
4. 企业数字化转型的三个坐标是什么?

第 4 章
企业数字化转型涉及的技术

学习目标

通过本章的学习,读者将能够:

- 了解数据技术。
- 熟悉构建"感知—思考—响应—反馈"的闭环。
- 掌握企业数据化转型涉及的七大类数据技术。

4.1 概述

与数据技术相关的热词越来越多地充斥在日常生活中，如大数据、区块链、人工智能、机器学习、智慧城市、智能工厂、智能制造、工业4.0、物联网、万物互联、万物智能、智能家居、数字孪生等。新兴技术大多都会普及，而早期拥抱新技术通常能够获得早期红利。

一般一项重大新兴技术有两个黄金投资期：第一个时期出现在这项技术逐步为人所熟知、投资者疯狂投资的阶段。资本会驱动技术的创新、应用和普及，虽然新兴技术所创造的价值并未达到人们的预期，但是资本的投入使很多小公司能够获得快速发展，从而站在新兴技术应用的领航者位置，同时也提高了其他创业者进入的门槛。这个时期可以称为"黄金投资期"；第二个时期是泡沫消退阶段，新兴技术在创新的驱动下逐步应用于各个领域，在每个领域都能衍生出一些"独角兽"公司，使新兴技术逐步成为"传统技术"。这个时期的驱动力是创新应用。

对一项重大新兴技术的应用，如果错过了第一波浪潮，则需要等待技术泡沫消退之后漫长的复苏期来临。这个时期考验的是更难的创新应用，而要等到下一波浪潮出现，中间的差距大概是10年，这是从互联网技术发展周期估计出来的。人类已经进入一条快速创新迭代发展的快车道，没有人敢在这个车道上停车，也没有人敢在这个车道上倒退，唯有向前冲才是最安全的。能够在这个过程中享受技术红利的，只有快速的奔跑者。

4.2 数据技术

随着信息传播技术的应用创新,以及大量数据被采集沉淀,大数据开始萌芽并出现了基于数据分析和挖掘技术的第一代数据技术应用,其中最典型的就是O2O,它是一种基于地理位置匹配和交易撮合的服务模式。后来,数据技术被进一步应用,基于闲置资源供给与资源需求匹配技术的共享经济开始显现出活力,涌现出了爱彼迎、优步、滴滴等各种共享经济平台,这是互联网技术+数据技术的第二代应用。现在基于数据智能的各种应用创新层出不穷。

仔细对比信息技术和数据技术的不同,可以发现,信息技术提供的是超越时空的信息传播,而数据技术则是在数据分析和挖掘的基础上的精准匹配。所以,大数据技术或者数据技术的本质是信息加工的技术。从信息传播到信息的深度加工,是一种新的变化,而且这种变化是深刻的、颠覆性的,比信息传播技术对社会的影响更加深远。

1. 数据技术的价值

当拥有更多的数据之后,我们可以对这些数据进行深度分析和加工,为企业的经营和管理效率提升带来新的方法。电商平台可以利用用户在平台上的购物习惯分析用户需求,向用户精准推荐他们需要的产品和服务,从而进一步提升平台的销量;微信可以分析用户的习惯和偏好,精准推送各种广告,从而让广告的点击率和转化率得到大幅度提升;生产制造型企业可以通过数据发现各种产生资源浪费的环节,从而优化生产工艺、排产计划、资产利用率,使生产制造更加智能,从而降低库存,提高周转效率,实现更加精准的交期控制;贸易型企业可以通过对客户购买数据的研究,分析出哪些产品更受客户的喜欢,从而精准采购,实现供需的精准对接,提高贸易的效益。

数据技术是人类认知的技术、思考的技术和决策的技术。它延伸了人类大脑的能力,使人类能够处理更多的数据和信息,加工出更多的知识,创造更多的智慧。未来数据技术的巨大价值体现在四方面。

(1)数据无所不包:数据采集会越来越方便、简单、全面、低廉。人类采集的数据将越来越丰富,未来将记录所有人甚至物的各种各样的活动,真正做到无所不包。

(2)信息无所不知:数据记录的是大千世界中各种各样的事物及其活动。通过数据记录、快速的数据处理和查询算法,我们能够快速感知大千世界发生了什么。我们将对大千世界无所不知。

(3)知识无所不晓:通过数据分析和挖掘,我们会逐步掌握事物发生和发展的规律,洞察未来的趋势,预测未来的发展。通过掌控规律,我们能够做到对事物的发展无所不晓。

(4)智能无所不能:通过人工智能、机器学习、深度学习等技术,人类将无所不知的能力赋能给能力、体力和速度更加强大的机器设备,实现无所不能。

2. 基于数据构建企业的竞争优势

目前数据技术还处于第一代。这个时期,人类指挥计算机进行"思考",通过人类的各种算法和模型,产生对世界的新认知,并且更好地改变世界。在这个时期,至关重要的三个要素是数据、算法、算力(运算能力)。这三个要素的融合能够创造出新的信息和知识,创造出比人类更高级的智慧,可以用公式表示为:未来智慧 = 数据 × 算法 ×

算力。

企业在数字化转型过程中,应用高效的数据采集、传输和处理硬件设备,通过建立数据中心对数据进行分析和挖掘,为生产、经营和管理提供决策支持。在这个不断积累更多数据的过程中,也不断积累更多的算法,从而提升企业洞察市场、洞察用户、洞察行业和产业的能力,形成企业的核心竞争力,进而成为行业或者市场的领导者。其中,数据、算法和算力成为企业的竞争优势,而且是可以持续的竞争优势。这种优势无法快速获取,也无法被竞争对手轻易复制。

在第二代数据技术时期,计算机指挥计算机创造认知、知识和智慧,将比人类更加智慧。目前,利用第二代数据技术已经研发了一些已具雏形的应用级产品,如下棋机器人、智能机器人、生产机器人、无人驾驶汽车等。

在第三代数据技术时期,数据技术武装的计算机与人类一起思考,实现融合。在情感方面、创新方面,人类与计算机深度融合,无法区分彼此,新的超级人类将会出现。所以,无论人们是否接受未来的发展趋势,人和计算机的融合已经开始。未来发生深度融合后,将无法清楚分辨人和计算机。

3. 学习范式的变化

随着数据技术的发展,人类的学习方式将发生范式性的变化。社会学家玛格丽特·米德(Margaret Mead)曾将人类社会划分为三个阶段:第一个阶段是"前喻文化",即晚辈主要向长辈学习;第二个阶段是"并喻文化",即同辈人之间相互学习;第三个阶段是"后喻文化",即长辈反过来要向晚辈学习。

"后喻文化"的出现，是因为科技革命，尤其是信息技术的发展，使社会结构发生了巨大的变化。科学发展从不停息，随着数据技术的催生和演进，人类将进入下一个阶段——"机喻文化"，这时人需要向智能机器学习。

　　图灵奖得主吉姆·格雷（Jim Gray）提出了"第四范式"的概念。第一范式是实验科学，发生了什么自然现象就记录下来，下一步就探究如何在实验室里重复该现象。第二范式是理论科学，通过总结发现自然现象背后的规律，如牛顿总结的三大定律。第三范式是计算科学。在第二范式中，推演是手工完成的，到了第三范式时可以使用计算机总结规律。例如，天气预报，靠手工是无法完成的，需要借助计算机。第四范式是数据密集科学，机器可以代替科学家进行规律的总结。夸张地说，到了这个阶段科学家可能就要失业了。当第四范式实现时，人类也就迈向"机喻时代"。不仅人类的学习方式会发生变化，组织的学习方式也会发生变化。组织通过生态体系的广泛连接，采集四面八方的数据，并实时转化为智慧，使组织成为智慧的容器，继而将智慧准确地输送给任何一个重要的员工。这将极大地增强员工的能力。

4.3　构建"感知—思考—响应—反馈"闭环

　　既然数据技术延伸了人类的"思考"能力，那么人们就需要从仿生的角度研究人类"思考"的方式，从而打造大数据的"思考"能力，也就是用大数据技术模仿人类思维中的"感知—思考—响应—反馈"闭环。

1. 大数据底层模型

先想象一个生活中的场景，如洗澡。先打开水龙头，在绝大多数情况下，人们会把手伸到花洒下，用手感知水的温度，如果温度过高就会调节阀门，把水调凉一些；然后再次伸手感知水温，如果温度过低则再调节阀门，将水温调高一些。这个动作会一直做下去，直到调节出合适的水温后才去洗澡。这个过程就是典型的人类"感知—思考—行动"的基本模型。

人们通过手感知水温，就相当于通过手采集数据。手将水温数据通过神经网络传递到大脑，这是数据传输的过程；大脑会对水温数据进行思考，判断应该将阀门向哪个方向调节，调节多少，这就是数据分析和挖掘的过程；然后大脑做出决定，形成指挥手进行调节的指令，这就是决策指挥过程；然后将决策信号通过神经网络传输到肢体，指挥肢体做出响应。这就是一个从感知到响应的完整过程。

手做出调节阀门的响应之后，继续伸到花洒下去感知水温。水温信息再次通过手传递到大脑，并由大脑判断水温是否合适。如果不合适，大脑再指挥手做第二次调节。这就是人类"感知—响应"系统的第二个循环，该系统不断循环，直至得到最合适的水温。

如果是在自己家中洗澡，则人们可能会有一些记忆：当阀门在哪个位置时水温是最合适的，调节多大的幅度会带来水温多大的变化。这些记忆形成了"知识"，基于对这个水龙头的"知识"，人们可以更快地调节到合适的温度。通过"感知—思考—响应"模型的循环完成知识沉淀，可使整个行动变得更加高效。

生活中处处都是"感知—思考—响应"模型，有些是有意识地构建这个循环闭环的过程，有的则是下意识的。当人们第一次做某事时会主动构建这个闭环，从而对外部世界的变化做出主动响应，这个过程需要大脑的积极参与；当人们已经完成多次循环，获得"知识"之后，就会交给"下意识"或者自主神经处理这个过程，此时这个循环闭环已经成为人们自己的"能力"。在企业管理中也是如此：第一次做事时，人们缺少经验和知识，所以需要探索，这时候的决策不够精准；当经营管理的活动开展过多次之后，人们就会有经验，形成自己的方法和诀窍，能够更加高效地处理日常经营和管理活动。人们的经验越丰富，走的弯路就会越少。

下面用生活中的场景解释这个过程。当进入一个陌生的市场或者陌生的领域时，人们都需要一个学习和适应的过程。以学习驾驶汽车为例，人们最初不会驾驶汽车，需要到驾校找教练学习开车，取得驾照并购买汽车之后才开始上路开车。开车的过程是一系列"感知—思考—响应"的闭环。当看到前面的障碍物时，大脑需要告诉肢体向某个方向转动方向盘躲避障碍物，因为不知道该转多大的角度进行变换，所以会出现转弯角度过大或者不足的情况，致使汽车行驶不稳；当速度减慢，则会告诉肢体减速，告诉脚松开油门；当看到前面有速度更慢的汽车，需要减速时，就告诉脚去踩刹车。开始的时候，人们不知道一脚踩下去能获得什么样的制动效果，所以往往会使劲踩，车在急刹车时会剧烈震动。在整个开车过程中，大脑不允许被打扰，所以初学者开车时非常紧张，大脑随时在思考和判断，并不断修正转方向盘的角度和踩油门、制动的幅度。当驾驶员变成了"老司机"，很多开车的动作变为下意识的，甚至是无意识的，驾驶能力就会得到大幅度提高。对应到管理上,当人们在一个行业中历练的时间足够长,就会深谙这个行业的"窍门",就能够游刃有余,驾轻就熟,轻松处理各种情况。如果企业中所有的人都是"老司机",那么企业的竞争力就会大幅度提升。

2. 实时瞬时决策

未来的大数据技术或者数据技术也正是一个这样的循环闭环。人们通过各种智能硬件设备采集数据,然后通过互联网技术、移动互联网技术、物联网技术、通信技术等,将数据传输到数据处理器;在数据处理器中通过建立的模型算法,对数据进行分析和挖掘,形成对事物的认知和判断;基于认知和判断,中央处理器做出如何响应这些数据的"决定",然后形成响应指令,将指令通过通信设备、互联网技术、移动互联网技术、物联网技术传给控制器,由控制器对事物进行调节控制,再进行下一个循环闭环。如果上一个循环闭环发出的指令没有很好的效果,则中央处理器的算法必须能够自动调节,针对响应得到的效果,形成反馈机制。这样,一个基于数据和算法的大数据技术的闭环就能够形成,从而逐步构建智能化的体系。

在这个闭环中,任何一个环节的缺失都会导致无法创造真正的价值;缺失任何一个环节的企业都不是真正的大数据企业。现在市场上有很多从事大数据行业的企业,有的是做数据采集的,有的是云计算企业(但只提供计算能力),有的企业是做算法的,有的是做通信的,有的是做数据传输的。它们都自认为是"大数据企业",但如果不能构建这个闭环,就都只是大数据领域的服务商而已。

企业的经营和管理决策也必须是这样一个循环闭环。如果缺少其中一个环节，企业经营和管理决策可能就会出现问题。在洗澡场景中，如果手因为事故失去了感知水温的能力，那么将手伸到花洒下试水温就没有意义。如果不知道现在的水温是高是低，那么调节水龙头阀门的动作就变得毫无意义，有可能本来合适的水温反而会被调节为不合适。在企业的经营和管理中，如果没有足够的数据，企业的经营和管理决策就变得不仅没有任何意义，反而非常危险。如果企业的领导者不能感知更全面的数据，就会造成"盲人领导盲人"的情况。所以在企业经营管理中，应主张"无数据，不管理；无判断，不决策"。

3. 迭代升级

从数据技术背后的"感知—响应"模型可以感受到，数据技术不是一次就能做出正确的决策，而是在做的过程中不断思考和总结，然后形成更加正确的决策，从而保证能够持续做出更好的决策。也就是说，"感知—响应"的闭环，每次循环的结果都能够比上一次更好。这种模式就是"感知—响应"模型的闭环循环效应，即迭代效应。换句话说，数据技术和信息技术不同，信息技术是一次性交付的完整的软件产品，存在迭代升级的可能，但新版本迭代时往往需要卸载老版本。例如，当安装Office 2010版本时，必须卸载Office 2007版本；当安装Office 2016版本时，需要卸载Office 2013版本。但是数据技术本身是不断迭代的，不需要卸载之前的版本。因为数据必须保持连续性。所以必须在原有数据模型的基础上进行优化迭代，从而保证第二代比第一代更好，而且在每一代产品上必须实现每日都迭代，不断成长，积累经验。这就类似于人类知识的积累，当一种知识被发现之后，人类能够将其不断传播，并在原有的知识基础之上深度迭代。

另外，信息技术往往要求的是产品和服务的一次性到位，而数据技术对应的产品和服务往往是迭代效果，一次比一次更强大，一代比一代更优秀。每次算法的升级都是数据技术的进步，但进步的频率和周期不与软件的版本更新周期一致，而是基于数据与应用场景应用的不断反馈确定的，迭代周期可以是一年，也可以是一个季度，还可以是一个月、一周、一天，甚至可以是一小时。数据技术的迭代效应比软件技术的升级更加猛烈和快速。

很多企业和IT从业人员对迭代效应认识不足，在对数据技术项目招标时，他们希望供应商提供的是一套完整的解决方案，是一个成熟的产品，既适合A公司也适合B公司。如果一种算法能够适合所有的企业，那么这种算法就没有价值；如果一个客户的标签算法适合所有的企业，那么对客户所打的标签就没有任何竞争优势可言。例如，将客户分成男女，但产品是男装和女装，所以将客户分成男性和女性带来的优化效果其实不会有太大的差异，因为这是普适性的标签。同样是女装，如果将女装产品打上完全不同的标签，如外向型、潇洒型、内秀型、张扬型、知性型、聪明型、乐观型、潇洒型、贵族型、淑女型、奋斗型等，那么所涉及的服装款式绝对比只将人分为男性和女性受欢迎。数据技术的应用需要结合业务场景不断迭代和升级，一次比一次更优化，一次比一次更精细，能够做到从"千人千面"到"一人千面"。

4. 数据驱动工业互联网转型升级

如果数据技术在所有产业链环节得到应用，就能够出现一种新的电商模式。这种电商模式是基于产业链的，从最初的原料端到零部件端，再到成品的销售端，同时每个环节的生产也都加入这个新型的电商平台。除了能够实现物的交易，它还可以实现技术的交易、流程的交易、生产的交易、劳动力的交易、空闲资源能力的交易，包括生产线、生产设备、厂房空间、库存空间、物流车辆、司机、生产工人等。未来的机器产业链全部产供销环节的所有人、财、物和技术都可以通过这个平台进行共享和交易，从而大幅度优化整个产业链的效率，大幅度降低生产成本，大幅度提升响应终端需求的能力，显著消除整个产业链的各种浪费。

这种整合全产业链条的基于数据技术构建的互联网称为产业互联网，英文称为IIoT（industrial Internet of things），也可称为产业物联网，因为在这种互联网中，上网的不仅有人们使用的手机、计算机、服务器，还有生产设备、终端智能化产品及整个产业生产环节的各种物理存在，也包括物理空间的上网。

4.4 企业数据化转型涉及的七大类数据技术

数据技术的概念在逐步延伸，大数据的概念也逐渐被矫正，不再被认为是"大量且杂乱的数据集"，数据技术的广义定义也逐步被更多人接受。数据技术的广义定义包括数据采集技术、数据存储技术、数据传输技术、数据处理技术、数据分析和挖掘技术、数据应用技术，在数据管理方面还有数据管理技术、数据安全管理技术、数据质量管理技术，甚至与数据相关的物理硬件也逐步加入数据技术的范畴。

从广义的角度讲，未来几乎所有的技术都可以与数据技术发生关系，因为未来必然是数字化的时代，所有的产品都是数字化的、智能化的。本节梳理了与企业生产和经营管理相关的七大类技术，它们的深度应用将对企业的生产和管理产生深刻影响，并带来颠覆性的变革。这七大类技术可表述如下。

一是与互联网、移动互联网、工业 WiFi 等相关的通信技术；

二是以物联网和数字化智能硬件设备为主的数字采集设备与反向伺服设备；

三是各种软件应用在社交上的应用和创新；

四是数据分析和挖掘的技术。大数据分析技术在数据的基础上产生信息，在信息的基础上产生人类的知识，在知识的积累过程中塑造人类的智慧，是数据技术的核心技术；

五是区块链技术。区块链技术是虚拟世界的信用机制，类比现实世界的信用机制。现实世界的信用机制衍生了金融体系，使人类经济获得高速发展。虚拟世界的信用机制技术——区块链技术将在未来的数字世界获得更有前景的应用；

六是云计算技术。算力是实现未来大数据计算技术的最重要手段和工具；

七是虚拟现实、强化现实和数字孪生技术。通过虚拟现实技术和强化现实技术，可以构筑一个虚拟空间，成为真实物理世界的补充，从而在构筑物理世界时能够预先优化对物理世界的设计和规划。数字孪生技术也为设计、研发和工艺制造环节及制作物理空间副本提供了新的思路。

1. 移动互联网、移动通信技术

移动互联网技术可以提升人们采集数据、传输数据和存储数据的源头能力。此方面的能力得到增强之后,人们会越来越接近"无所不知",即,所有的事物和事物的活动都将被记录。

现在,概念版的 6G 已经出现,每秒传输的数据量能够达到 TB 级别,数据将无所不采集、无所不传输、无所不存储。移动互联网通信技术是一项值得充分利用的技术。人们通常使用的手机通信技术只是移动通信技术的小部分应用,其实它还有更多的独立应用场景。例如,一家工厂不需要完全使用电信运营商提供的基站,因为通信会受到基站传输量的限制,甚至受运营商数据通道的拥挤程度影响,从而影响生产环节实时数据的传递效率,进而延误生产。这个时候,工厂可以考虑布局自己的"移动网络系统"。又如,如果地铁和高铁的数据传输使用电信运营商的网络系统,就无法正常运营,因为任何的不稳定和信号传输出错都会是灾难性的。所以,它们必须有自己的网络设施,能够满足每秒百万级数据的传输和毫秒级的信号通信需求。

随着数字化智能工厂的建立,万兆级的网络布线系统和千兆级的互联网访问在大型生产制造企业内兴起。数据的实时性、准确性和全面性越来越制约企业的发展。这个时候,关注移动互联网技术的应用,在必要时通过采购相关技术服务实现数字化智能企业建设,是数字化转型企业需要随时观察、研究和决策的。

通过移动互联网技术与物联网技术的融合应用,可以开发更多的应用场景。例如,在一家化工厂,通过具有红外线和紫外线采集功能的摄像头,能够识别出某个地方是否存在气体的泄漏,是否存在一些不规范的操作,是否存在液体的"跑、冒、滴、漏",是否配备了安全生产所有必需的监控。如果安装了"跑、冒、滴、漏"智能监测摄像头，各种化工厂的安全事故就会大幅度减少。

企业要关注移动互联网通信技术的发展和移动数据采集设备的创新，并积极应用这些技术实现更先进的管理，在效率、安全和环保等方面不断开辟出新的应用场景，不断创造新的价值。

2. 物联网（IoT）设备数据采集、边缘计算和反向伺服设备技术

在工业4.0被提出之后，越来越多的企业开始关注空间和设备的智能化，出现了智能工厂、智能车间和智能生产线的重构设计及应用。智能空间和智能设备离不开物理层的数据采集。如果真正按照智能工厂概念设计，除物理层的数据采集外，还需要智能伺服系统，其用途是当空间或者设备的运行指令传达给智能控制器时，操控物理层的设备做出相应的调整，实现无人干预的智能控制。这种反向控制设备的系统被称为"反向伺服"，根据智能分析得到的指令对设备的运行进行实时调控。

目前，设备数据采集技术相对成熟，能够针对设备的各种运行状况进行高效的实时数据采集，包括对设备或者装置运行中的温度、压力、流量、频率、转速、磨损、油液液位、润滑油蚀度等数据进行实时采集，从而分析和判断机器设备或者装置的运行情况。但在智能反伺服方面，由于设备或者装置的自控系统或者控制方式的智能化改造程度大，需要原设备厂家实施改造，甚至需要重新采购具备反向控制能力的设备对原有设备进行替换，进展较为缓慢，智能化实现程度较低。

企业在数字化转型的过程中，可以与前端设备供应厂商建立战略合作的关系，这样可以随时关注数据技术的应用，协同前端共同开发相关的具备反向伺服的智能设备，以更好地完成从数字化到智能化的改造。小米在推进物联网布局方面也没有自主研发，而是采用了"投资+孵化"的模式，通过吸纳更加专业的技术团队和企业研发物联网技术，分散风险，自己则聚焦擅长的手机领域。同时，小米吸纳的生态企业在系统上又能够与小米的系统实现整合，就如同一个开放的系统。小米整合了更加专业的第三方开发者，一旦成功，小米也可获利；如果失败，第三方开发者则承担大部分风险。

目前，物联网发展尚且处于前期阶段，多数物联网设备还只能采集数据并上传云端，能够做到智能反向伺服的设备非常少。未来会有越来越多的设备实现数据闭环。

3. 社交化技术

社交化技术看上去不像其他技术那么直观，但它其实是数据技术应用中的一种非常重要的创新，而且还在不断更新发展。社交化对企业的前端采购、内部管理和后端营销与销售都具有深刻影响，并且有可能彻底改变企业的经营模式及组织形态。

社交化技术改变了人们之间的合作方式，也必然会改变组织的架构形式。新型的动态"军团制"组织形态正在形成，配合"军团制"机制的"三台化"组织还在创新。

社交化改变了消费者获取信息的方式，也会改变企业宣传和营销的方式，改变企业交易的方式。利用这种方式，消费者的偏好数据更容易被采集，从而能够更好地研究用户诉求，改善产品和服务，增强客户体验。利用数据技术，消费者不必再到商场中试衣服，而是直接站在一个有摄像头的镜子面前，就能够利用数字智能成像技术、虚拟现实技术实现立体试衣。专业形象设计师还可以根据消费者的体形数据、性格偏好，提供基于形象设计的智能推荐。社交化技术改变了组织内部的合作关系。在过去，企业组织的形态是"科层制"，由属于专业分工的"科"和不同能力水平的"层"组成。现在绝大多数组织都是科层制的组织架构体系，这是一个基于专业和权力关系的矩阵状结构。随着社交媒体在企业组织沟通中的应用，这种科层制逐步被打破。其中一种新结构是基于产品经理（PM）的"蜂巢式"组织：基于一个产品，构建该产品的相关组织。以微信和QQ为例，这两种产品各自所在的组织中分别包含了产品经理、后端开发、前端开发、人力资源、财务等相关人员。"蜂巢式"组织是以产品为中心的。

但是，现在越来越多的组织正在打破这种固定的或者稳态的组织形式。当客户提出具体需求之后，企业内部甚至包括企业外部的部分合作者会共同组建一个群，讨论相关的客户需求及解决方案，并在较短的时期内快速解决客户诉求。当客户的诉求被解决之后，这个群就会被解散。当出现新的客户诉求时，新的群被组建，然后再被解散。这种机制可以称为"军团制"，基于客户需求或者某一项特定任务组建的组织则是"军团"，每次"战役"结束之后，"军团"解散，成员回归到自己的组织，等待下一次客户需求，或者下一个任务/项目。这种组织类似于机动部队，可以随时响应战场的变化，所以称为"军团型组织"。"军团制"改变了组织的权力关系和决策权限，站在一线的人往往会掌握更多信息，有更高的决策权；站在后端的高层领导根据前线的需求，在企业的后台调集各种资源服务于前端，从而形成基于前台、中台和后台的"三台型"整体组织模式。需要层层汇报的机制也被打破，指挥"战斗"的人不是高高在上的"高管"，而是"听得到前线炮火"的"战地指挥官"。这种组织才是真正以客户为中心的组织。相比之下，"蜂巢式"组织是以产品为中心的，而传统的科层制是以老板为中心的。新的组织形式是动态的，需要更快速的信息传播和更快速的响应机制，必须借助信息技术和数据技术实现信息与数据的充分共享。

为了适应这种敏捷型的动态需求，阿里巴巴首先提出了"三台型"组织形式，通过构建强大的基于数据的中台，利用具有强大技术实力的后台，为"前线打仗的先遣部队"提供充足的"弹药"和支持，确保组织的敏捷性。"三台型"的组织形态彻底打破了过去科层制的组织架构，正在融入越来越多的企业的管理模式。"三台型"组织也是目前支撑生态型组织最有效的组织形态。

4. 大数据分析和挖掘技术

数据技术的核心是从数据中分析和挖掘出信息、规律，形成对现实世界的感知和认知。通过数据分析和挖掘做出判断，并形成行动决策方案，指挥相关的业务部门或者业务活动，从而做出更有效的行动；再借助数据采集对采取的决策进行检测，形成反馈机制；然后不断优化感知、认知和判断，优化行动方案，从而可以更有效地对外部世界进行响应。所以，数据分析和挖掘技术是数据技术的核心，没有对数据的分析和挖掘，就不会有数据价值的创出。

目前，大数据算法大多基于数学、统计学、运筹学、计量经济学等学科沉淀的数据分析方法开发而成。随着大数据技术的发展，新的算法被创新,越来越多的算法被应用,但人们对这些算法的应用还处于初级阶段。某些科技公司对大数据算法做了大量研究,并在实践中应用了近百种算法之后,发现目前的绝大多数算法是分类算法和关联算法,少数部分是基于数学的预测算法,在探寻数字世界规律的过程中,还有大量未被开发的算法。对比、分类、聚类、网络、回归、时间序列等算法是非常普遍的算法,在企业经营和管理中有更多的应用场景,但这些算法不是直接运用就能够产生效果,而是需要结合实践,不断优化,提升精准度。人们常用的画像算法就是一种分类算法,针对客户的各种典型特征,匹配产品和服务的典型特征,从而形成更加精准的产品或者服务的推荐,目的是更好地匹配客户需求,形成最佳的撮合交易。

随着数据量的增加,算法实现的难度越来越大,如果是上亿条数据,则普通计算机遍历一次都需要非常长的时间。对数据进行排序、筛选、查找,则算法计算次数越多,对计算能力的挑战就越大。对TB级和PB级的数据进行秒级查询与秒级响应,需要采用更先进的分布式存储和分布式运算,这方面的技术需要借助开源软件的发展。大数据底层数据处理算法已经得到有效发展,针对绝大多数的企业应用场景,目前开源的大数据底层数据处理算法基本能够满足需求。

现在有些企业已经启动了人工智能算法研究。借助人工智能、机器学习和深度学习的算法,机器能够自己优化算法、产生算法,从而能够自己生产"知识"和"智慧"。创新的算法能够驱动商业的创新,使经营和管理在更聪明的机器的协助下更快速地成长。无论是人工的算法设计,还是机器自动产生的算法,都需要结合业务场景进行迭代。这种"迭代效应"越早研究就可以越早使用,从而实现更多次的迭代,算法因而能够更加先进、更加精准,从而在激烈的市场竞争中更具有竞争优势。

5. 区块链技术

提起区块链技术,更多的人会想到比特币,一种虚拟投资货币,也有人会认为它是另外一种泡沫。这是对技术本身的特性不了解而导致的偏见。不谈技术本身如何实现,对于不真正编写代码的人,只需要知道这个技术的原理及其未来的强大影响力即可。

在虚拟的数字世界中也需要建立一种机制,以保证合作的双方能够在既定的规则下参与游戏。一方面要有充分的证据留存,另一方面要通过合约机制自动完成相关交易,降低合作过程中的反悔概率。为了在虚拟数字世界做到"使命必达""承诺必履",就产生了模拟现实合约机制的一种技术,即分布式记账技术。

区块链技术不仅能通过分布式记账不可篡改地约束相互的信用,它还有一个智能合约机制。例如,乙向甲借了5kg胡萝卜,并答应甲进货后如果有2.5kg西红柿或者5kg胡萝卜库存,则自动归还甲2.5kg西红柿或者5kg胡萝卜,交易自动完成,无须人工干预。这个约定达成后,当乙有了菜,甲就自动将菜拿走,双方自动销账。如果乙不让甲拿走这些菜,就属于违约。违约信息会自动公布给菜市场的所有卖家,所有的卖家都因此不会再借菜给乙。乙在菜市场没有立足之地,最终被清理出菜市场。这种约定和交易方式可以在虚拟数字世界利用区块链技术轻松实现。这种机制被称为"智能合约"机制,智能合约一旦签署,即由系统自动执行,无法人为干预。

区块链技术的三大优势具体如下。

（1）分布式记账机制：区块链上若有一台记账机失效，其他机器就会自动填补，确保账面数据一致，不丢失数据。

（2）不可篡改的终生追溯机制。

（3）不能事后人为干预的智能合约机制。这样就构建了虚拟数字世界的另外一种信誉约束机制和信用保全机制，即去中心化的信用保全机制。在现实生活中，在去中心化的信用保全机制模式下，一旦中心化记账者违约，就无法保证相关者利益。区块链技术则可以有效地避免这种情况。

目前，区块链技术可以采用公链机制、私链机制和混合链机制。区块链技术已经在社会上获得普遍采用，并起到了非常好的效果。某钢铁集团正在利用区块链技术推动面向钢铁行业流动客户的贷款服务、动产供应链金融。作为钢铁贸易商，该集团若要购买2000吨钢材，需要1.2亿元的资金。虽然前端有订单，但是会因为没有足够的自有资金而无法交付订单。为了有足够的资金购买钢材，只能把这2000吨钢材抵押给银行贷款；而在办理抵押时，银行需要封存这批钢材，直到企业还清贷款才能解封这些钢材，但这会影响钢材的销售。

利用区块链技术，企业可以通过钢材库存"上链"和其他银行账户"上链"，签署智能合约，在供应链金融平台上进行贷款。钢材作为抵押物不用封存，仍然可以随时销售。当销售到一定量之后，抵押物留存量少于抵押贷款要求的额度，则自动从企业账户中划转资金，还一部分贷款，企业仍然继续销售其钢材；当钢材销售完成时，贷款就已还清，企业不仅赚取了销售钢材的利润，还归还了贷款的本息。该钢铁集团发起供应链金融服务，利用区块链技术搭建了供应链金融平台，第一年投入 10 亿元的金融资金，同年就获得 2 亿元的利润，投资回报率达到 20%。

未来，区块链技术在算力提升后会有更多的发挥空间，特别是在多方参与的产业链大数据项目上。目前，虽然因为分布式记账，整体效率有些低下，但随着算力的提升，效率瓶颈会被突破。

6. 云计算技术

云计算技术是未来三大核心竞争力之一。强大的算力支撑规模化企业的数字化转型，借助强大的算力，能够实现每秒亿级数据的处理。阿里巴巴和腾讯公司在超算方面拥有领先技术。在每年"双十一"期间，每秒上亿元订单的处理能力是阿里巴巴技术的优势；而在春节期间，人们相互发微信问候，腾讯能够在服务全球十亿用户的通信需求时游刃有余，都是因为强大的算力在发挥作用。

云计算是最先普及的一种服务，现在各种云计算市场已经快速发展起来。从亚马逊开发的 AWS，再到中国的阿里云、腾讯云、浪潮云、华为云、联通云、电信云、移动云、百度云等，种类多样的云服务为企业算力需求提供了强大的保障。企业不需要自己部署大批量的服务器，增加运维成本，只需要根据需求，在虚拟化技术的支持下不断扩展即可。

7. 虚拟现实、强化现实和数字孪生技术

BIM 可以视为早期的虚拟现实技术（virtual reality），就是对现实世界的虚拟化和数字化，从而构建一个虚拟的数字空间。BIM 也称"建筑信息模型化"，是利用 3D 模型设计的，最早由 Autodesk 于 2002 年提出。BIM 的核心是通过建立虚拟的建筑工程三维模型，利用

数字化技术，为建筑模型提供完整的、与实际情况一致的建筑工程信息库。随着数据技术的发展，BIM的版本还在不断升级。与此对应，一种被称为数字孪生的技术概念被提出。所谓数字孪生就是与现实世界并行的数字化世界里的另外一个存在。

现实生活中的人们是真实存在的，而在网络世界，人们的各种网上活动行为构成了另外一个数字化的"我"，并构筑了一个并行的数字空间。人们在这个虚拟数字空间里有感情，有情绪，有同事关系，有社群关系，还有商业交易关系，等等。虚拟世界中的"我们"就是数字孪生。

2010年IBM正式提出智慧城市（smart city）的愿景。智慧城市是指利用各种信息技术或创新意念，集成城市的组成系统和服务，以提升资源运用的效率，优化城市管理和服务，改善市民生活质量。智慧城市经常与数字城市（digital city）和智能城市（intelligent city）相提并论。利用数据技术，人们可以更好地优化城市的运维，提高城市的效率，优化人们生活的环境，改善人们的生活质量。

利用BIM技术的扩展，人们可以构筑一座虚拟的数字城市，这座城市不仅有"建筑物"，还有各种"市政设施"和人们生活的数据。这些数据聚合在一起，构筑了智慧城市的数字化虚拟现实，是城市的数字孪生。未来，人们可以足不出户就在全世界"旅游"，因为景区可以利用虚拟现实技术构筑一个数字孪生，让人们"身临其境"地参观各地的美景。未来，人们不用出差去见客户，而是可以利用虚拟现实技术和全息影像技术，实现具有现场感的、同客户非面对面的真实沟通。

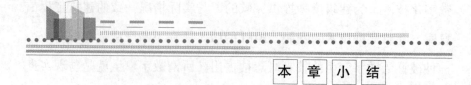

本章小结

在全球数字化转型的浪潮下,企业数字化应用越来越深入,对新兴数字化技术的需求也越来越旺盛。以大数据、云计算、5G、物联网、AI等为代表的新兴数字技术加速向各领域广泛渗透,不断催生新产业、新模式、新业态。

数字化趋势给企业带来的最大特征转变是智能,是在人和机器之间数据智能化的自由交互和相互交融。尤其是5G、云计算和AI三大新技术的广泛运用,将强有力地推动企业智能制造的升级转型。5G技术凭借低时延、大带宽、广连接的优势,可以应用于各个行业的许多不同场景,典型应用有大容量的数据采集和传输、高清视频的上下载服务、机器视觉、远程安全操作控制等。云计算作为其中重要的力量,将汇聚更加多样化的算力和应用,让政府与企业进入"上云"的快车道,加速产业的智能升级。AI基于优秀的算法、海量的数据以及云端丰富的算力,将为各个产业带来巨大的变革。

智能化需要运用非常多的数字化技术,包括大数据、云计算、5G、物联网、AI等。我们不是要把这些技术发散地运用在各个智能场景中,而是要依靠技术的组件化、服务化,把技术与共性的业务功能连接起来,形成具有业务价值的技术服务组件,以服务的形式沉淀到企业数字化共享平台上,供各个业务智能场景敏捷调取使用,以最优的成本和最快捷的方式推进智能化的进程。

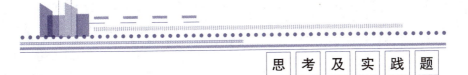

思考及实践题

1. 重大新兴技术的两个黄金投资期是什么?
2. 数据技术的价值体现在哪些方面?
3. 举例分析如何构建"感知—思考—响应—反馈"闭环。
4. 企业数据化转型涉及的七大类数据技术是什么?

第 5 章

企业数字化转型的方式

学习目标

通过本章的学习,读者将能够:

- 了解数字化转型分析的维度。
- 熟悉企业数字化转型的方式。
- 理解企业数字化转型的路线选择。

数字化转型是一项战略挑战，自是艰难的，但也是必须达成的。关键的问题已经不是"要不要转"，而是"从哪里转"和"如何转"。要回答这两个问题，必须从两个维度进行分析。

一是变革的幅度。企业需要对竞争环境进行深刻的研判。具体来说，包括以下问题：自己所从事的行业正在发生哪些变化？存在哪些动荡和不确定因素？是否具有可塑性和可预测性？"跨界打劫者""互联网数字巨头""潜在的技术创新创业者""未来的产业生态整合者"是否正在挑战行业规则？基于对这些问题的分析，可以确定变革的幅度和相应的战略：一种是小幅度，对应增强式战略，即企业的战略和商业模式并没有发生变化，只是通过数字化技术增强既有的战略，使成本更低、效率更高、收益更丰富；另一种是大幅度，对应重塑式战略，即通过数字化技术重构企业的战略和商业模式。

二是变革的广度。企业需要确定在哪些层面进行变革：一种方式是重点突破，即根据战略需要找到一些关键的场景，优先进行数字化升级；另一种方式是全面推进，即对企业的各项管理工作全面梳理，进行系统性的数字化再造。企业需要考虑自身的数字化能力、盈利水平等因素，进而确定变革的广度。

从这两个维度出发，可以确定四项数字化转型的策略，具体包括精益式转型、增强式转型、创新式转型和跃迁式转型。

5.1 精益式转型

采取精益式转型策略的企业所处行业相对稳定，短时间内不需要重新设计战略和商业模式。企业基于战略需要，从产品和服务、生产方式、管理方式或商业模式层面，找到需要和急需的场景进行数字化改革，从而更强有力地推动战略目标的实现，强化企业的战略优势，是目前数字化转型中企业广泛采取的一种策略。

精益式转型策略与构建企业数字中心的逻辑是一致的。数字中心，即企业的数字化平台。按照平台的思路进行分析，一边是数据，一边是场景（应用），数据与场景之间存在跨边效应。企业数字化场景的增加会丰富和扩大企业的数据量；同时，随着数据的增加，可以促进企业将更多场景投入数字化。场景中也存在网络效应。因为管理是一个系统，各种场景都是相互关联的，一种场景的数字化会激发另一种场景的数字化。所以，企业在数字化转型中，通过一两个场景的数字化，可以带动和引发持续的变革。当精益式转型获得成功之后，企业就可以采取增强式转型或创新式转型，进行更广和更深的变革。

实现精益式转型策略需要把握三个要点。第一个是进行场景优先级规划，即梳理可能的场景，找到哪些场景是重要的，哪些是急需的，哪些是短期可见效的，从而确定数字化转型的起点和优先性场景。第二个是充分发挥自下而上的力量。各部门的骨干对场景的理解是最深刻的，更知道怎样可以取得成功。当然，他们需要与数据技术层面的同事紧密配合。第三个是"效果可视化"，当每一场景的数据化活动成功时，哪怕只是阶段性的成功，都要将其效果和价值通过可视化的方式传播出去。这样做可以证明数字化的价值，提高变革的认可度和支持度；这个过程也是塑造数字文化的过程，可以促进后续的全面数字化转型。精益式转型有以下四类特别重要的场景。

第一类是销售类场景。销量、利润等与销售相关的问题，都是企业特别关注的问题。这个层面的数据相对丰富，通过数据分析，很容易表现出价值。例如，一家项目客户的行业竞争十分激烈，利润非常低，销售是其十分关注的问题。在帮助企业完成数据治理的一些工作之后，对其数据进行分析，取得了显著效果。通过数据分析，可以找到合理的促销费用值。如果费用低于这个值，所做促销是无法增加销售量的。所以根据分析结果进行针对性调整后，这家企业的销售费用回报率很快就增加了。

第二类是财务类场景。付款、报销、成本核算总台账，都是没有哪家企业不会关注的问题。资金的周转效率直接影响一家企业的生存状况。例如，一家年产值为2亿元左右的企业，因为市场较好，业务发展很快，企业快速扩张。但是，现金流成了企业壮大的瓶颈。该企业上游都是规模较大的企业，只能现款现货购买原材料，甚至在紧缺时还要预付款订购，但下游的回款周期长达3个月。这家企业规模越大，需要的现金流就越大。所以，通过数据优化资金流，提高"财效"是非常重要的。

第三类是人力类场景。企业关注的对象包括员工绩效、选拔提升、人才库等活动。对人力效益的分析是企业能力最直接的体现。在同样的模式下，人均产值和人工成本率是衡量企业管理效率最直接的指标，利用数据技术优化人工，提高人工的产出效率，是很多企业都非常重视的。

第四类是运营类场景。通过数据化优化运营问题，可以明显提升效率。例如，一家石化领域的企业过去收发油效率非常低，导致其客户排队的情况比较严重，同时影响周边的交通状况，牵制了企业的销售效率。为此，该企业开发了手机用户端，方便其客户远程进行排队、预估等待时间，以提高客户感受。同时，企业也可以监测排队状况，及时做出应变。

5.2 增强式转型

与精益式转型类似，增强式转型也不存在战略与商业模式层面上的变革。不同的是，增强式转型对全场景采取齐头并进式的数字化转型。这种转型通常是由中层骨干与数字化专家推动完成的，变革更加系统化，如果推动得力，往往可以更加快速地彰显数字化的巨大价值。不少企业倾向于采取这种转型策略，期待整体性地、快速地完成变革。这自然是最好的，但是企业需要对自身特点有深刻的理解。

特别需要注意的是，采取增强式转型策略必须将战略作为第一焦点。转型之初，必须保证战略是明确清晰的，这样才能有的放矢地应用数据技术，使数据技术能够真正地服务于战略，真正地增强企业的竞争优势。如果无法建立战略与数据技术的适配性，就会产生两个问题：一个是数字化转型的效果不理想，可能使企业产生对数字化价值与前景的怀疑，影响变革信心；另一个是资金、资源和人力的浪费。

例如，某家企业从多个层面进行数字化探索，包括智能制造、组织、流程等。该企业自认为其管理比较高端，但是业绩并没有提升，其问题就出现在战略层面，只有彻底设定正确、清晰的战略，数字化尝试才是有意义的。

5.3 创新式转型

与前两种转型策略不同的是，在创新式转型中，战略与商业模式层面发生了本质变化。一般来说，采取这种转型策略的企业所在竞争领域已经或者即将发生巨大变化，原有的竞争优势正在被摧毁，如果不快速进行战略变革，就很可能失去现有的市场地位，甚至被淘汰出局。

"持续性竞争优势"是战略管理的核心，是任何一家企业都致力于谋求的，但它越来越难以成为现实。即使是通用电气这种被中国企业家推崇的常青企业，在2018年也被挤出了道琼斯指数。有学者研究了美国40个行业、6772家企业的数据，得出如下结论：

（1）在美国，虽然确实有一些企业具有持续性竞争优势，但它们的数量极少，仅占企业总数的2%~5%。

（2）近年来，企业能够保持持续性竞争优势的时间越来越短，或者说，企业越来越难以保持持续性竞争优势。

（3）一些企业虽然无法长期保持稳定的优势，但是能够连续保持"暂时性竞争优势"。也就是说，这些企业即使一度失去竞争优势，也能再度重新夺回。这样的企业的数量正在增加。

当下，企业的竞争环境变得更加动荡，逐渐进入管理学家丽塔·麦格拉斯（Rita McGrath）所说的"瞬时性竞争优势"状态，也就是企业必须不断地进行业务转型和战略变革。这就意味着企业必须不断认知竞争环境的变化，并及时做出有效的战略决断。过去，企业通常利用迈克尔·波特（Michael E. Porter）提出的五力模型分析和认知竞争环境，但这一模型是一种静态理论，它假定产业结构是既定不变的，显然已经不适用于当下。每个行业都正在或者即将被数字化技术重构和刷新，行业间不断发生跨界和融合，也在形成新的行业。无论是面对传统行业的重构，还是面对新兴行业的生成，都需要使用新的思考框架。本书提出了商业环境分析的新五力模型，所包含的五种力量分别为互联网数字巨头、已经进入的"跨界打劫者"、本行业最佳实践者、未来的产业生态整合者、潜在的技术创新创业者。

企业在认知商业环境的变化之后，应将关注点落在商业模式的创新设计上。商业模式理论的兴起源于互联网热潮，因为人们发现互联网企业在价值创造的方式上不同于以往的企业，其中一个很明显的特征是跨行业边界实现价值创造。因此，在数字化转型中，我们谈得更多的是商业模式的设计，而且把商业模式视为一种超越战略的范式，从而设计具有创新性乃至颠覆性的商业模式。

5.4 跃迁式转型

跃迁式转型的策略是最具有挑战性的，这是因为企业的商业模式、产品、服务、生产方式和管理方式都同步进入变革状态。实施跃迁式转型既可能带来巨大的成功，也可能带来巨大的风险，需要企业采取更加审慎的态度，对商业环境与内部环境、能力进行评估。企业可以从以下三个维度着手。

（1）领导力维度。在领导力层面，企业家及管理团队应强烈支持数字化转型。跃迁式转型对企业是一种巨大的变革，需要领导者具有强大的意愿进行持续推动，具体做法包括明确数字化意愿与方向，鼓舞全员努力探索的热情，以及提供强大的资源支持等。

（2）文化维度。采取这种挑战性比较大的转型方式，需要有强大的文化基础：一是变革型文化，即全员拥抱变化，具有变革的热情和动力。二是试错型文化，鼓励员工尝试和探索如何利用数字化技术，允许失败，同时反思失败并不断迭代。企业需要学习"犯错的艺术"，即犯"正确的错误"。所谓正确的错误，就是有价值的错误，能带来高质量的反思。三是数据型文化。管理者要相信数据的力量和价值，全员也能够把数据利用作为一种基本的、普遍的工作能力。

（3）能力维度。企业需要评估自己的数字化能力，包括数据治理水平、硬件设施、人才储备等方面。跃迁式转型需要更强的数字化能力，否则数字化目标就可能流于空想。当然，数字化能力建设也需要一个过程。技术本身会不断发展，各种技术对企业来说，是否必需、是否合适，都是需要考虑的。企业也要不断评估自身的数字化能力，从而与数字化战略和需要相匹配。

5.5 企业数字化转型路线选择

企业在选择数字化转型路线时，不能一厢情愿地自主选择，而是必须结合自身情况和外部市场环境状况进行选择。企业的自身情况包括现在的水平和能力，以及市场地位和盈利状况。盲目地跟风选择会使企业在数字化转型过程中处处碰壁，失去信心，最终导致失败。

1. 根据企业的数据应用能力选择转型路线

如果企业自身数据资产状况很差，历史数据没有得到很好的管理，缺少数据基础，那么在数字化转型过程中所采集的数据是很难加工处理的。由于企业没有处理数据的经验，没有数据分析的方法，没有从数据中挖掘商业洞察的习惯，新的数字化设备所沉淀的数据得不到良好的分析和挖掘，无法应用，就不会发挥出价值。例如，很多企业采用了新的技术、新的数字化设备，投资购买了大量智能硬件设备，但这些设备采集的数据都被"搁置"在服务器中，得不到有效挖掘利用。因此，应优先考虑提升管理者的数据意识和使用数据的能力。

一家传统的生产制造型企业在雇用了一名技术员工之后，才发现原来的设备具备生产过程中的量尺功能，能够在喷涂工艺过程中测量物料表面的面积，而该企业的生产部门一直希望采集表面面积数据。这个功能模块还有数据接口，能够直接与多数 MES 系统（生产执行系统）连接，实时采集生产过程中物料表面的面积。其实很多企业的先进设备都有功能冗余，例如绝大多数人都只会用到微软 Office 套件中很少的一部分功能。这只是一个类别，在数据技术方面，人才的缺失所导致的数据浪费是非常普遍的现象。企业不是没有数据，而是有数据，但没有得到深度分析和挖掘而已。

某医药集团是国内比较领先的中药企业。因为过去医药行业利润较高，并且在利用先进信息技术和管理技术方面没有太大的压力，该集团的生产和销售等各个环节都比较传统，包括制造、流通、门店管理等。除简单的 ERP（企业资源计划）和 POS 收银系统外，其他的信息系统功能都非常弱。虽然此企业年营收额超百亿元，利润达十几亿元，但每年在信息化投资方面的预算非常少。现在的高层管理团队热衷于数字化转型，并且在管理体系上模仿华为、阿里巴巴和腾讯等企业建立"三台"管理体系，要建设数字化企业，并提出了远大的口号和愿景，但这些变革措施经过一年多的努力，仍然只停留在报告中和会议文档中。企业的采购、生产、流通、销售流程等活动也和先前一样，没有任何变化。管理团队的能力限制了企业推进数字化转型变革的进程。如果高层管理团队没有足够的对自身团队能力的认识，贸然提出改革口号和措施，都只能是一厢情愿。本例中的这家企业并不是没有在团队能力建设上做过投资；恰恰相反，该企业曾高薪聘请四大咨询机构的专业顾问推动数字化转型落地，但是仅仅提升了团队的 PPT 制作水平。各种先进的概念一直在讨论中，就是无法实施。问题的本质不是企业缺少高层管理者和专业咨询顾问，而是整个管理层的数据能力有待提升。

企业中个人的能力可以通过人力资源部门进行系统性的岗位和任

职能力盘点。在盘点的过程中，应加入数据能力的维度，确保企业在数字化转型中有足够的人才能够推动转型过程中相关举措的落地和实施，以及价值实现。必要时，可以在每个业务部门都设定一个数字领导者，或者标杆榜样，以榜样的力量在各个业务口径埋下数字的种子。个人能力和团队能力都要系统性地提升，强化团队协作，加强知识管理，特别是新知识的导入。将引入智力资源，如聘请外部顾问或者高级专业人才等流程，融入实际的项目管理过程中，确保个人能力能够转化为团队的能力。

在组织方面，要从制度和流程设计角度重新规划数字化转型的配套制度和流程，建立团队的知识图谱，强化知识管理，将团队的知识管理推及组织知识管理，总结数据中发现的规律，形成新的认知，建立案例库。在组织建设方面，信息化是基础，也是手段。在智能硬件设施建设过程中要强化软件的建设。

所有的个人能力、团队能力和组织能力都要与业务能力融合。企业利用数据技术进行洞察，包括对市场的洞察和对客户的洞察，并形成业务经营和管理的诀窍。企业在市场上的地位是业务能力提升的抓手，更是业务能力的体现。

2. 根据企业的资本实力选择转型路线

数据技术应用需要投资，不仅需要在硬件上投资，还需要在软件和人才上投资，必要时还需要聘用顾问或者专家提供服务。如果企业没有足够的资本实力，在推动数字化变革过程中捉襟见肘，或因为把数字化转型目标设定过高，投资额度过大而出现短期无法收回投资的情况，企业就会陷入困境。

数字化转型愿景目标提出后还需要设定阶段性目标，根据阶段性目标量化阶段的投入与产出，并进行敏感性测试：如果数字化转型过程中收益目标未能实现，那么企业是否有足够的资金继续支撑数字化转型。例如，企业为了将工厂改造为智能工厂，需要投入几千万元资金，预计的投资回收期是两年。如果第一年和第二年的收益优化目标都未能实现，就需要评估企业是否会陷入资金困难。如果会，那么就需要制订备选计划：是通过融资消化压力，还是通过出售资产渡过难关。

在评价企业自身实力的过程中，不仅需要考虑企业有多少资金可以用于投资的问题，还要考量本企业在市场中的地位，判断其盈利水平相对于竞争对手是否更高。如果在企业投资数字化转型时，竞争对手"趁火打劫"，企业就必须积极应对。如果没有足够的竞争实力应对竞争，就可能会在转型过程中陷入被动。

如果资金实力不足以支撑大手笔的投入，企业就需要分步实施，采取阶段收割成果的方式逐步推进。这也是绝大多数企业应该考虑的因素，笔者一直坚持推荐这种方案。在数字化转型过程中，当企业积累了一定的数据以后，就要开始利用数据，优化管理，优化客户体验，优化经营投入，合理配置资产，确保阶段成果能够建立团队的信心，能够坚定团队持续推进数字化转型的决心。

本章小结

真正的数字化转型是业务价值链的全面数字化，必须回归企业经营的根本；业务全面数字化的目标是全面使能"以客户为中心"的管理变革和企业收入的长期有效增长。企业必须抓住核心业务当下及未来的客户关键需求，围绕业务收入增长、经营效率提升、客户体验优化等方面，进行系统性的业务重塑、全价值链的重塑。本书认为数字化转型必须坚持长期主义。数字化转型策略是长聚焦望远镜，虽然是长期投入，但也要控制相应的投入比例。

一个企业的经营管理理念，既可以是机会主义，也可以是长期主义。选择的道路不同，做法自然不同，就如同在二级股票市场，短线投机和长期投资都有其生存的空间。

企业数字化转型按照实施的先后顺序可以有三种选择：第一种是"由外向内"，第二种是"由内向外"，第三种是"内外兼修"。"由外向内"是指企业实施数字化转型，利用数据技术先从企业外部触点开始转变，再逐步在企业组织内部推行数字化。"由内向外"的方式则恰恰相反，先在企业组织内部实施转型，再逐步延伸到相关合作方，包括客户端、供应商端和战略合作伙伴。"内外兼修"则是同时推进。

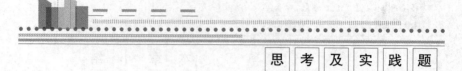

思考及实践题

1. 实现精益式转型策略需要把握哪些要点?精益式转型有哪些场景?

2. 企业数字化转型的方式有哪些?

3. 如何进行企业数字化转型的路线选择?

4. 企业数字化转型可从哪些维度进行分析?

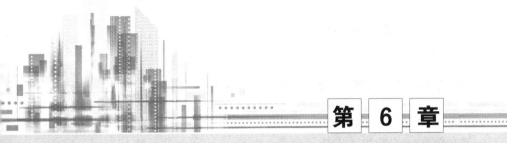

第 6 章

数字营销

学习目标

通过本章的学习,读者将能够:

- 了解传统企业的机遇与挑战。
- 熟悉数字化时代营销变革路径。
- 理解数字化营销的 IT 技术架构与路径。

6.1 传统企业的机遇与挑战

1. 数字化时代特征

1）数字化时代核心：产业互联、营销一体化、渠道利益重组

在传统产业与知识经济、虚拟经济和网络经济全面结合的时代，传统产业的生产体系、流通体系、销售体系、融资体系和支付体系，都在新经济的冲击下发生了变革。传统企业面对这种变革，需要以数字化为方向，进行经营理念和业务流程的结构性转型。在新时代下，互联网的发展极大地消除了企业和消费者之间的信息不对称，传统的渠道体系也走向网络，导致线上、线下的无界限竞争。当前，价格曲线被拉平，价格走低，竞争激烈，企业的生产无限接近成本线，让传统企业从原先的拼速度、拼价格阶段，进化到了以客户需求为中心，拼服务质量、拼产品专业性这个阶段，企业通过依赖客户全生命周期运营、个性化定制、柔性化生产来获取利润。

2）新时代消费群涌现：社交化、本地化、移动化

在新时代下形成了社交化、本地化、移动化三大消费群。

社交化消费群：如今，消费者在做出购买决策前，会通过社交网络和相关论坛来获取足够多的产品信息。社交化消费群的购物方式是根据兴趣来搜索商品，然后选择多种商品进行体验和比较，再选择体验最好的一款产品作为长期使用的产品；同时他们作为忠实客户，还会在社交网络上扩散产品，帮助产品树立口碑，提高知名度，进而影响其他客户的购买。

本地化消费群：本地化消费群的诸多消费场景，均是基于位置而

触发的。位置作为一个重要的节点，具有很高的商业价值。通过定位服务，线下商户可以向线上客户推广品牌，线上客户也可以通过平台找到线下商户。这种基于位置的关联，带动了商业价值的实现。

移动化消费群：随着移动网络产业链上下游的成熟，传统电商企业在移动端的布局和推广力度的加强，移动网购也将会出现高速发展。移动端愈加丰富的营销形式和显著提高的移动支付安全性，将促使移动网络购物渗透率进一步增加。

2. 新时代下消费特点变革

1）新时代消费群特点：全天候、多渠道、个性化

与传统的消费群相比，具有社交化、本地化、移动化属性的新型消费群，在消费过程中又呈现出三大特点，即全天候、多渠道和个性化。他们的存在现场是非常多元化的，各类电商平台、新闻门户、SNS（社交网络服务）社区、线下实体频道，都是消费者获取商品信息的渠道来源。社交网络上的UGC（用户原创内容）、意见领袖的言论评价，都会对消费者的购买行为产生影响；而客户在购买产品后所接受的品质服务，更会影响到客户对产品的忠诚度和品牌的信任度。因此，消费者对于产品的整个认知流程，包括产品信息的获取、产品的选择、产品的交易过程以及对产品的评价和忠诚度的建立，都在新时代发生了巨大改变。

2）消费群变化倒逼企业改革：基于"信息+时空"的经营模型设计

基于消费者的变化，企业改革要充分利用互联网的信息优势，将传统的基于时空体系设计的实体商务提升为基于信息和时空的O2O

（线上到线下）模式，从而符合消费者全天候、多渠道、个性化的购物特点。从线上到线下的过程中，通过定制化的信息推送、精准营销、优惠的会员服务和物流打通，能提高消费者的黏性和忠诚度。

3. 新时代下传统企业面临三大挑战

在新经济时代，由于消费者群体属性的变化，传统企业的经营理念已无法适应消费者的新需求。而新的电子商务模式不断涌现，也对传统企业的业务模式构成了极大冲击。具体来讲，主要表现在以下三方面：

1）消费者属性变化让营销成本变高

互联网的发展促进了天猫、淘宝和京东等新兴B2C（企业对消费者）、C2C（消费者对消费者）渠道的发展，现在，移动互联网的大潮又让O2O、C2B（消费者对企业）等分销体系大行其道。传统企业想通过数量众多的分销体系来获得消费者的关注，营销策略变得极其复杂，同时，由于维护如此之多的分销体系，营销成本也急剧增加。

2）行业边界模糊化导致行业上下游不分

消费者更多只关注自己的体验，而对提供产品和服务的供应商并不关心。这就导致产品提供者和渠道之间的界限变得模糊，整个行业上下游不分。以顺丰开设线下商店为例，一个以快递业起家的企业也开起了零售门店，做起了电子商务，还能通过卖广告挣钱，这颠覆了传统零售业的行业规则。

3）行业门槛降低让渠道体系经营混乱

分销渠道的大量上网，使得传统企业也被迫上网，电子商务成为整个传统行业的标配；但是传统企业还有线下的诸多渠道，比如在直销渠道上有自己的品牌专卖店、专业连锁店,在线下大型的分销渠道上,还有大型商超。传统企业需要解决以下三方面问题:物流配送和退换货构成的一体化服务体系问题;线上与线下之间的渠道冲突问题;追求利润最大化的供应链整合问题。

4. 新零售企业营销升级的新机遇

1)消费升级,新零售应运而生

2016年10月,阿里巴巴公司第一次提出了新零售的概念,自此新零售逐渐成为企业营销升级的主要方向之一。2015年后,随着消费认知的细分与改变,新中产阶级从感性人群过渡到理性人群。新中产阶级消费观的最大特征是理性化倾向明显。相对于价格,他们更在意质量以及相应的性价比,对于高质量的商品和服务,他们愿意为之付出更高的代价。不菲的收入与体面的工作给中产阶级带来了表面的欣慰,但不安与焦虑才是他们光鲜外表下最戳心的痛点,消费升级或许正是他们面对这种焦虑选择的解决方案。消费升级是推动电子商务向新零售转化的最大动因,也是规划新零售的起点。各种新零售的变革,都要与消费升级紧密结合,满足消费升级的内在要求。

2)解构新零售,重构"人、货、场"

我们认为新零售就是企业利用互联网和大数据,以实体门店、电子商务、移动互联网为核心,通过融合线上线下,实现商品、会员、交易、营销等数据的共融互通,向顾客提供跨渠道、无缝化体验。在传统零售时代,物质极大丰富后,"场"占据了核心位置,唯有争取到商场的黄金位置,品牌才能在商品的汪洋大海中脱颖而出。互联网时代,尤其是新零售时代,是以"人"为本的,只有抓住了消费者的真正需求，才能最终赢得消费者，赢得市场。

传统企业走向新零售的重要标志就是围绕"人、货、场"的所有商业元素的重构，而其核心在于商业元素的重构能不能有效，能不能真正提高效率。"人"的重构：以人为本无限逼近消费者内心需求，大数据时代，商家无限切合消费者内心需求。在任何场景下都能智能化地推送每个人所需要的信息。"场"的重构：消费场景无处不在。当下消费者基本实现了随时随地购物的便利性，可以说只要是有屏幕和网络的地方，都可以达成商品的交易。未来随着AR和VR技术的进一步成熟发展，消费场景将实现真正的无处不在，所见即所得，这也将给"人"的消费体验带来极大的提升。"货"的重构：新生产模式，C2B定制化生产模式。随着经济和生活水平的持续升级，价格可能已经不是第一位要素了。消费者对于个性化的消费需求日益升级，大众化消费时代将变为小众化消费时代。商品趋于个性化，并被赋予更多的情感交流功能。也就是说，从生产的源头开始，"人"的需求，会被更好地满足。

3）新零售的未来：线上线下融合

线上的电商和线下的实体零售竞争的核心变量是电商的物流成本和实体商店的租金成本，这两种成本甚至决定了彼此的胜负。未来，实体零售不会消失，甚至还有很大的发展空间。电商和实体零售将趋于融合，全渠道是大势所趋。未来的实体零售行业会是用互联网、大数据、云计算武装后的一种全新商业形态。

（1）新技术赋能新零售。

新技术一直以来都是商业模式演进的重要推动力。随着新零售、线上线下融合、数据驱动运营、智能化管理更加深入实践，顾客数字化、商品数字化、服务数字化、营销数字化、供应链数字化、经营管理数字化已经在全方位改造传统零售。无人零售店通常采用 RFID 和图像识别结合的技术。要想在技术和效率上优于传统有人零售店，就需要不断优化，找到最合适的点，即开发兼具软硬件智能化、性价比高、可规模化的无人零售产品。这也是未来的趋势。从人工智能在新零售方面的应用来看，较为成熟的场景包括智慧无人门店、智慧仓储与物流、智能营销与体验、智能客服、智能虚拟体验等。人脸识别技术是传统线下零售商重新获得市场的重要手段，该技术能够帮助卖家获得顾客和潜在顾客的更精确的信息，从而构建客户画像。大数据也触动着零售行业管理者的神经。领先的零售企业把自身定位为"经营顾客关系的大数据公司"，而不是商品经销商、零售商。对关系、场景、内容的构建，都是基于数字化的。把资源数字化之后，资源和流程可以重新组合，形成新的体验。

（2）新零售离不开智能物流。

随着 C2B 模式与个性化定制消费模式的到来，将会出现"货物永远在路上"[①]的情景。智能物流最大的好处就在于提升了实体店商品和服务品质的管理水平，给消费者带来了更好的体验，极大地提升了商品的配置效率，线下零售店的商品开始和线上商品产生互动。在这种趋势下，货物不只是跟随电商来配置，配置的关键是线下数字化。

（3）新零售未来的发展趋势。

新供应链的机会：零售商的下一步发展目标是制造型零售商，他们懂品类，懂工艺和供应链，懂成本，这样可以汇集一批与其特质相

---

① "货物永远在路上"指的是仓储时间日益缩短，库存逐渐向消费者端移动，直至成为家里的库存。

匹配的制造资源。投资布局优质的制造产业，能使优质制造商与不同的流量端对接，创新产品。

新品牌进化机会：消费升级和品类创新是消费的两大主题。消费升级会导致产品定位的变化。另外，品类创新也是新的商业机会。

新业态机会：服务型零售的特征是基础品类差异化、业务提效、场景式体验，核心是要让基础品类创造差异化场景，只有场景才是能够长期获取低成本流量的一种方式。

（4）新零售如何落地应用。

以客户体验为中心的整体供应链效率提升。新零售的应用，不是通过简单地部署一些自动化和具备人工智能的门店终端设备实现的，而是需要企业从营销供应链的全局进行规划。没有从全局规划入手，就很难在零售终端构建深入持久的高价值客户体验。新零售后台的支撑架构，就是以营销中台为核心的开放式互联网架构。通过营销中台的整合才能支撑新零售的持续变革，从而实现业务可组合、组织可重构、服务可重用、数据可共享。

5. 传统企业营销变革：重塑以消费者为核心的企业营销体系

伴随着互联网崛起出现的最重要的理念转变就是企业要做到真正以客户为中心，回归到商业的本质，实现生产者与消费者的直接交易，促进双方的良性互动，为消费者提供最好的服务。而具体的实施方法就是重塑以消费者为核心的企业经营体系。

1）企业营销体系重塑

传统企业不能再以自身的新产品创新开发为导向，而应该以消费者的愿望、需求为出发原点，重新为企业构建全新的营销体系。以构建消费者的全生命周期[①]为核心。第一个层次,是将营销体系构建在消费者使用商品的整个生命流程之上,从产品信息的搜索、信息的获取,再到消费者对产品的选择、使用,最后成为产品的忠实消费者这整个过程中,都要构建企业自身的营销体系。第二个层次,是通过对消费习惯、消费能力的感知,精准掌控消费者的实际和潜在需求,运用程序化营销等新技术手段,提高消费者的黏性,促成消费者对企业产品和服务的持续性消费。

2) 企业渠道体系重塑

构建基于企业自身的全渠道布局。传统企业需要不断调整其市场营销渠道策略、加强渠道维护管理,并引导各渠道之间的合作与协同,使渠道之间的关系不再是冲突和竞争;即使有竞争,也应该是建立在协作基础上的竞争,并得到双赢的结果。为了适应新的O2O模式,传统企业需要提升自身线下实体门店的新型能力,可以将线下实体建设成新的体验中心、配送中心、服务中心、定制中心,与线上渠道相配合,为消费者提供一体化服务。

3) 企业运营体系重塑

构建柔性化供应链运营体系。传统企业通过构建更柔性的供应链体系,根据市场需求,不断驱动企业供应链和后端支撑系统的改造,加快各环节的响应速度和对异常情况的应对速度。通过数据挖掘等技术分析客户需求,提升对产品销量的合理预测和对细分市场的掌控能力。

建设完善的物流配送体系。传统企业要会运用先进的物流信息技术,改善物流配送业的服务效率,加快自身电子商务和物流配送体系

[①] 消费者的全生命周期分为5个阶段:展望群体、潜在消费者、单一购买客户、重复购买客户、忠实客户。

的融合，促进物流配送业的标准化和规范化发展，与客户、制造商、供应商实现资源共享，对物流各环节进行实时跟踪，形成有效的一体化管理和控制。

完善的企业服务体系。企业应该建立多重服务渠道，争取随时随地解决客户遇到的产品问题，为消费者无缝对接整个服务流程，提高消费者满意度，建立消费者忠诚度。

采用统一的会员运营体系。传统企业需要将自己线下积累多年的会员导入线上，形成线上线下会员的统一管理，让会员一体化享受多种促销特权、积分和优惠政策等。

4）以消费者为核心的 C2B 体系建立

以消费者为核心的 C2B 体系的建立，需要以大数据平台作为支撑。企业需要建立消费者互动数据平台、市场化信息收集平台、产品模块定制化平台、上下游产业链互通平台来辅助 C2B 企业经营体系的建立。

6.2 数字化时代营销变革路径

很多领先企业早已开始探索数字经济时代的营销变革路径，并已积累了一定的经验。经过调研发现，大多数企业的数字化营销转型都在遵循这样的路径。第 1 步，通过社会化渠道管控和强化企业的运营能力，使企业初步具备全渠道销售能力。第 2 步，在此基础上通过协同线上线下业务优化运营模式，实现营销模式的互联网转型。第 3 步，围绕消费者需求，以消费者为核心整合营销渠道，同时对企业内部的各个价值链传输环节和运营管理模式进行整合优化,从而实现对消费终端的有效掌控,并进一步扩大市场规模。第4步,在企业内部重塑全新的切合消费者需求变化的柔性生产模式,以消费者为主导确定经营战略方向和管理生产经营活动,实现企业内部乃至行业间的C2B商业运营模式的建立。第5步,着力于运营管理模式的整合升级,借助互联网思维实现企业运营的平台化和跨界利益整合,形成与企业核心业务相互依托、共生共利的利益生态圈,从而全面实现企业的互联网化转型和在互联网新经济时代下的发展。

1. 以客户需求为核心重塑营销体系

数字经济时代营销变革的起点,仍然是客户需求。以客户需求为核心完成营销体系重塑,通过贴近客户需求、精准感知客户需要变化来把握消费者心理。围绕客户需求,借助动态沟通、价值链传递和数据决策进行品牌营销、市场推广等方面的设计和执行,从而形成动态响应客户需求并围绕客户需求变化进行有针对性的营销推广和品牌互动的模式。

1)重塑营销体系的三大关注点

秉承客户体验至上的原则。这一原则应该贯穿品牌与消费者沟通的整个链条,所有环节的产品或服务,都是为了实现客户体验的最优目标。

向客户兜售参与感。在互联网时代,创建品牌和经营粉丝的过程高度融为一体,只有让客户积极参与到品牌建设中来,将更多的客户转化成品牌的忠实粉丝,才能让企业的品牌立于不败之地。

将与客户需求有关的数据作为企业管理的重要资源。针对企业的战略目标和现有的资源，基于信息化系统建立合适的分析和预测模型，进而利用与客户基本信息和购买行为相关的数据识别值得重点对待的客户，并有针对性地研发产品和服务内容、设计营销推广手段，以此来抓住目标客户群。

2）重塑营销体系的五大关键任务

新营销模式的构建关键在于准确感知和把握客户的需求变化。这就要求传统企业对现有的营销模式进行针对性的改进和重塑，使现有的营销手段通过数字化，尤其是移动互联网化的整合，最终形成以消费者为核心的数字营销新模式。具体的做法包括以下几方面。

大数据分析定位目标客户群。在传统的传播中，将大数据挖掘和分析技术应用到媒体提供的客户资源上，就可以做到对消费人群进行定位。而在社会化媒体时代，还需要了解消费群体活跃的栏目、感兴趣的内容、接触媒体的习惯、对消费者有影响力的人、消费的情绪等因素。

做好品牌的社会化媒体定位。社会化媒体定位是指品牌在社会化媒体中面对客户的形象，它是由传统企业的品牌定位延伸出来的、更适合社会化媒体宣传的品牌形象。对社会化媒体的形象进行定位，是一切社会化媒体营销的大前提，也是开设社会化媒体账号前需要详细规划的细则。

融入其中与消费者建立关系。社会化媒体对营销最大的变革可能在于真正地与消费者建立关系，而且是一种长期的互动关系。社会化媒体时代让这样的交流成为一种可能。对商家品牌而言，它可以对每一个消费者和客户进行动态响应；对消费者而言，他们可以直接与品牌进行沟通交流。

内容与形式是创意的核心。社会化媒体营销内容是消费者与品牌沟通的桥梁，也是形象形成的基础。内容本身也要尽可能符合消费者的需要和口味。

多渠道营销模式整合实施。完善的多渠道营销体系可以辅助企业进行决策，寻找消费者，评估品牌网络知名度，指导企业与消费者沟通的策略。在传统传播中难以得到的数据，在社会化媒体传播中可以方便地获取。应用客服系统，可以促进品牌与消费者进行更个性化、更准确的沟通，从而让企业在互联网新经济时代下通过更全面的覆盖、更及时的传达和更迅速的互动，牢牢掌握消费者的需求动态，在营销推广、品牌建设、需求创造和客户获取等方面占得先机。

2. 线上线下一体化重塑渠道体系

新经济时代，随着信息技术的迅猛发展，消费者的数字化使用习惯和多元的购物需求逐渐形成，新兴的线上零售业务爆发式增长，传统的线下销售渠道受到消费者消费行为变革和线上数字零售的双重冲击。相较传统零售而言，互联网和移动互联网使新零售更加场景化，更贴近于现实。这种场景化的体验模糊了线上与线下的边界，使得线上销售和线下销售不再是非此即彼的对立面，而是互相依存、互相补充的关系。对于传统企业而言，平衡线上线下经营，重塑渠道体系，构建全渠道营销，才是面对当下新经济趋势的最佳选择。

作为传统企业到底该如何平衡线上线下经营、构建全渠道营销呢？本书认为，核心策略包括：重塑企业产品体系，重塑企业价值链和运营模式，建立全渠道整合运营能力，建设成长型的IT技术平台。

企业产品体系的重塑是以建立消费者需求为导向的产品体系的重构。一切围绕着市场趋势的变化，围绕着消费者社群的个性化归属，围绕着消费者的全生命周期，从以经营工业化产品为中心转向以经营消费者需求产品为中心，以互联网思维规划极致体验的产品和服务。重塑企业价值链和运营模式，即以大数据重塑传统企业生产经营活动，构建全新营销渠道和利益整合平台，乃至塑造新型的互联网营销模式，建立面向客户、库存、产品、交易的核心服务能力。建立全渠道整合运营能力，是企业在应用大数据分析对价值链传递的各个环节实现精准管理和决策的基础上，着手整合线上线下模式，实现全渠道统一布局，并继续对运营模式进行深层次的转型探索和尝试，目的是全面提升企业的客户化运营能力。企业构建全渠道运营需要从三方面入手。首先，是构建全渠道，即传统企业要加紧布局线上渠道资源，而新兴电商企业也要布局线下资源；其次，是加快移动互联网布局，充分利用手机这一线上与线下渠道结合的重要载体，并利用其独具的LBS（基于位置服务）与社交功能，把握手机购物、社交购物的新经济红利；最后，是线下渠道改造，即利用信息化技术，改善消费者线下购物体验，同时利用传统渠道加快线上渠道在消费者群体中的渗透速度。

企业应建设成长型的IT技术平台。一个可成长、高度集成的IT技术平台架构的建设可以分为两步：第一步，实现统一平台搭建，即打通原有的财务系统、供应链管理系统、客户关系管理系统、物流管理系统等企业运营系统，使其达到以服务客户为中心、门户为展现、集成各业务系统的企业统一流程管理平台，实现端到端的业务流程，打通企业内外的数据流、信息流和业务流；第二步，实现IT平台云化，实现 IT 平台及业务应用云端化。引入大数据、分布式计算、机器学习、物联网、人工智能等成熟技术，实现从持续交付到开发自动运行维护，再到微服务的技术创新。这既能大大减少企业的 IT 系统运营支出成本，也更加有利于组织间共享信息与快速响应客户需求。

3. 借助互联网思维优化运营模式

企业布局全渠道营销，其根本在于全面导入互联网思维，借助互联网、大数据、云计算等新技术，对市场、客户、产品、价值链乃至整个商业生态进行重新审视，进一步整合现有渠道，调整运营模式，优化组织架构，打造全面数字化的营销、渠道和运营模式以及统一运作、相互支撑、共利共存的全价值链运营模式，实现渠道体系和运营模式的数字化转型和颠覆式创新。

基于互联网运营流程的渠道设计。首先要分析目标顾客的购买倾向，并与不同营销渠道的适用性相比较，选出与目标顾客购买倾向相适应的渠道；然后依据分析结论选择适合网络销售的产品/品牌，并对不同的网络销售渠道进行适应性评估，从而找出能够满足要求的渠道；最后对保留下来的渠道进行经济性标准评估以及最终的设计。

4. 结合精准化营销与柔性生产，构建 C2B 模式

洞察和满足消费者变化的需求并进行柔性生产，以客户需求驱动企业内部管控结构和营销模式升级，形成完整的以客户导向为核心的 C2B 运营体系，从而实现实时、精准、低成本、可控的柔性化生产经营方式，实现灵活经营、精准管理，这是企业数字化营销转型的核心目标。

C2B 运营体系的核心转变。构建 C2B 运营体系，首先要求企业将传统客户渠道调整为供需双方信息与资源共享的通道，将客户角色转变为合作者角色，通过与客户就流转渠道的跨行业信息和资源的深度整合与开发，及时准确地响应客户需求，以客户为主导推动企业优化经营管理和运营模式；其次要求企业应用大数据思维、平台思维、社会化思维等互联网思维对企业的传统价值传递环节进行优化升级，并进一步对跨行业的信息、资源和利益进行整合；最后，还要求企业借助大数据等技术应用，挖掘消费者需求，并根据客户需求柔性化定制产品和服务，调整营销组合，建立以客户需求为导向的产品开发及营销体系，从而全面洞察并牢牢把握消费者需求。

以客户需求为起点的营销体系，是驱动企业智能制造体系的重要基础。首先，营销体系通过与客户和渠道体系的连接，可以精准把握客户需求，并由此构建需求管控模型和销售预测计划，然后驱动制订智能制造的生产计划。此外，营销体系还会采集客户的个性化需求，反馈到智能制造体系中，作为C2B生产的需求依据。

5. 构建产业互联，整合新互联网生态圈

未来的商业竞争将不再只是企业与企业之间的竞争，而是平台与平台之间的竞争，甚至是生态圈与生态圈之间的竞争。传统企业应该在企业内部平台化和全渠道价值链构建的基础上，着力于借助跨界思维形成对全行业上下游乃至其他行业的运营模式和价值链的整合，从而构建完整的、闭合的新型数字经济生态圈，构建以核心业务为中心的相互促进、相互关联发展的互联网生态系统。

在传统价值链实现互联网化整合的基础上，结合以客户需求为核心构建的新型营销模式。传统企业初步具备了实现全面数字化转型的

基础。在此基础之上，传统企业最终的目标是围绕消费者需求的动态变化，对已经构建的新营销模式、经过数字化重塑的生产营销模式、价值链传输模式、平台整合和生态圈运作模式，以及企业所面临的外界环境进行有机整合和全面把控，最终形成以客户需求为核心的、闭合的，各个环节相互连接、相互联系、共同运作、共同调整的新经济时代商业环（如图 6-1 所示），从而实现传统企业的新营销模式乃至新商业模式的构建。

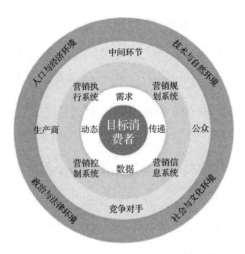

图 6-1 新经济时代商业环：4D 营销整合模型

6.3 数字化营销的 IT 技术架构与路径

依托 IT 系统建设，构建立体营销平台。

在互联网背景下，全渠道营销、海量数据管控、动态沟通机制给营销模式带来了全新的挑战。面临严峻的竞争形势，转变营销模式、提高经营业绩，是企业增强竞争力的重要一环。但无论是客户需求的跟踪、全渠道营销体系的构建，还是精准化营销和产业互联，都离不开企业 IT 系统的支撑。因此，转变营销模式的基础是建立全方位的企业 IT 系统以支持新时代的营销模式变革。

通常，企业 IT 建设可以分为两部分。第一部分是对外建设，即建立企业网站，是企业通向互联网的一扇窗户。第二部分是对内建设，建立包括网络、数据库和各类信息管理系统在内的工作平台，提高企业经营管理效率。在企业营销模式变革的互联网时代大背景下，企业 IT 化建设对营销模式变革的支撑尤为关键。要实现营销模式的变革，必须做到时刻以客户需求为核心、建立与企业利益攸关各方的多点动态沟通机制，重塑全渠道营销体系以及以大数据挖掘为基础的决策体系。开展并推动立体营销平台的建设是传统企业进行营销变革的首要任务。

立体营销平台不仅仅包括传统的前端电子商务系统，还包括后台全渠道整合、客户资源整合、供应链管理、经营分析等无缝衔接的子系统。这种平台能让企业在营销变革中获取新的竞争优势，进而培育企业的核心竞争力（如图 6-2 所示）。立体营销平台使得营销模式从传统的分割化、平面化转向以 IT 系统为基础、数据决策为主要方法、快速响应为重要功能、多渠道自动化管控为主要特征的新型营销决策体系。

利用中台全渠道整合系统，各个渠道也可以实现互相协同，实现 O2O 的整合与各个渠道内部的整合。通过客户资源整合系统可以及时与各类客户进行动态的沟通，密切关注客户的各项需求。供应链管理

第6章 数字营销

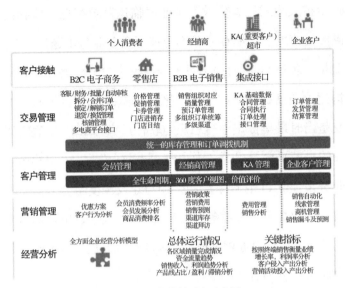

图 6-2 立体营销平台示意图

系统可以通过优化供应链流程,缩短供应链响应时间,满足小批量、多品种、快速响应的数字化供应链管理需求。经营分析系统是数据决策在立体营销平台上的直接体现,可以全面分析营销过程和客户价值,为营销管理的优化提供最有价值的依据。

6.4 以营销中台为核心,支撑营销体系持续变革

1. 营销中台的诞生

随着互联网技术的蓬勃发展,商品、商业行为等信息的不对称性被打破,消费者买方市场时代到来,传统营销已经失效。租金成本、人力成本、制造成本不断上涨,消费品及零售行业陷入关店潮。传统

渠道的野蛮扩展模式已经失效，企业面临运营效率低、库存高、缺货严重、供应链速度慢、库存分布不合理等众多业务难题。

基于此，众多IT厂商提出系统分层解决方案，譬如从软件一体化功能结构建设角度提出了"中台"概念，这是一种自下而上的建设模式。用友是当时最早提出中台思想的软件厂商。2015年底，以阿里巴巴为代表的电商平台提出了"大中台、小前台"的IT架构中台战略，在电商业务与企业IT管理系统的架构与建设深度融合方面开始了深入探索。前台是指基于一线业务管理需求的IT应用，中台即基于企业运营数据、产品技术能力等相关信息，以及资源高度整合的IT系统平台，对各前台业务提供强有力的支撑。

营销中台的核心在于营销的数据化，即借助数字技术实现影响闭环的"线上、线下、物流"互联互通，从而实现营销的四个转变：经营思路从以产品为中心向以客户为中心转变；客户互动从只在交易时互动向在交易前、中、后全程互动转变；营销渠道从传统媒体向覆盖社交网络等全域媒体的口碑传播转变；经营模式从原来规模化、标准化生产到个性化、定制化生产转变。

2. 营销中台，关注支撑新营销的七大业务领域

营销中台，涉及从商品、订单、供应、库存、渠道、零售、会员等跨域全局的新营销业务形态的各个流程与环节。在建设营销中台时，必须解决这种业务形态所面临的问题以及要实现的管理目标（如图6-3所示）。

企业营销中台依赖完整的业务链实现企业运营七大业务领域（商品管理、全局订单、供应链协同、全局库存、全渠道营销、新零售、

	应用关注的业务问题	管理目标
商品研发	1. 企业如何定义一款具有竞争力的商品 2. 如何完成商品的设计 3. 如何了解商品从概念到消费者消费的过程	商品畅销、定义全面,依托大数据及研发工艺,准确定义商品属性、耗量、工艺等
订单	1. 如何把所有订单进行收集、汇总、平衡、处理 2. 如何实现从订单意向到订单完毕的全生命周期管理 3. 如何准确、精细、及时地核算出订单成本或商品成本	订单集中、成本精准,统筹所有订单来源,建立订单中心,自动化处理订单执行,实现准确的订单实际成本
供应链	1. 企业的供应链关系如何支撑未来的新零售 2. 供应需求的计划、执行、协调是如何实现的 3. 对供应链条上的原料商、加工商、物流商、服务商等是如何管理的	供应协同、保障有力,采购、委外、自产做到收发自如,连贯协同,代货及时
库存	1. 企业的库存体系如何支撑未来的新零售 2. 库存的全局化、库存平衡、智能路由是如何实现的 3. 通过哪些手段来掌控渠道库存	全局库存、智能路由,打通所有商品库存,智能识别最近售卖点
渠道零售	1. 全渠道体系如何支撑未来的新零售?对新零售的定义和想法、未来新零售的战略目标、具体的实现策略和路线图是什么 2. 渠道的定义、全通路、物流、运营等是如何实现的 3. 通过哪些手段来掌控全渠道运营	渠道全局化、零售全触点,依托动态组织建模,掌控全渠道运营;全面布局零售终端,方便触达所有顾客
会员服务	1. 企业统一会员的定义和想法 2. 会员信息、会员日常是如何处理的 3. 会员营销是如何开展的	会员共享、精准营销,所有会员集中管理,统一会员政策,生成会员画像,完善精准营销

图 6-3 业务问题与管理目标

统一会员管理)的融会贯通,依托互联网大数据和企业自身所产生的数据进行精准营销,包括精准的商品定义、精准的门店布局、精准的商品投放、精准的顾客服务、精准的广告触达等,以支撑快速、全面、高效的新营销运行模式,从而驱动企业通过新营销转型实现降本增效,业绩提升(如图 6-4 所示)。

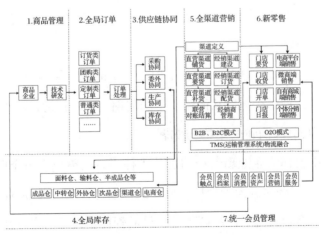

图 6-4 企业七大营销业务领域的应用闭环

全局订单：通过全局化、统一化的订单管理，形成订单中心，实现作业协同、任务分解、快速交付，为提升订单满足率和交货及时性提供保障。供应链协同：承接订单中心，完成订单平衡分析后，执行订单的采购、委外、生产、调度等；构建供应商组织管理体系，形成强大的供应商管理能力；对各级供应商进行建档、评测、优化、淘汰等全过程管理；实行供应商多级运营管控，透视与末级供应商相关联的库存、进度等情况；统一供应商协同、协作平台，使各级供应商在供应过程中有章可循、有据可依。全局库存：全面透视接入端的库存分布状态（在途、现存、可用），实现可分割、可共享的全局库存，为新业务提供库存信息基础。全渠道营销：通过对营销新结构、关系与协同逻辑的管理设计，支持企业在不同发展阶段的渠道布局与渠道结构调整，实现渠道评估及全周期管理。新零售：解决线下实体终端销售和线上终端销售的全面应用问题，实现O2O融合应用，实现新零售价值，使企业更轻松地连通最终消费者。统一会员管理：统一会员信息，实现会员资源共享，清除会员与不同企业之间的壁障，让会员与企业充分互动。

一个营销周期完成后，对这个周期产生的数据进行分析，并反馈给下一周期的商品企划，从而驱动下一周期更加良性运营。

3. 营销中台构建的架构与部署

营销中台作为企业新营销的运营支撑平台，需要满足企业营销中人、货、客、场、费这五大管理核心要素的精细化管理需求，从商品管理、营销政策、客户管理、供应商管理、渠道管理、线下门店或商场管理、线上商场或电商平台管理、业务人员管理、营销费用管理九大维度实现全面高效管控。

满足新商业模式创新的业务需求。数字经济下,企业新营销把商品流、物流、资金流、信息流进行融合统一,这是新商业模式创新的动力源。一个满足企业未来需求的营销中台系统,必须做到四流合一,形成丰富而准确的运营数据,使企业的商业决策更有实际效力,也为

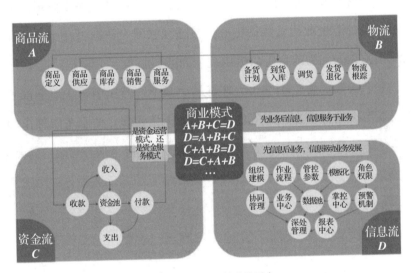

图6-5 四流合一的营销平台

企业打造灵活多变的创新商业模式奠定基础(如图6-5所示)。

营销中台构建的核心目标是满足企业在瞬息万变的竞争环境下,随时根据一线业务的变化,灵活、快速地构建前台应用的需求。营销中台的技术架构与部署会直接影响企业中台的运行效率和应用效果。本书建议企业营销中台采用SOA(面向服务的架构)。在这种架构之上,企业要实现一种新的业务应用,只需在中台上构建一个业务中心或一

个服务组件,然后进行服务组件封装,实现业务需求。这就为企业随时根据业务需求,不断丰富、扩展前台业务应用功能提供了无限可能。

营销中台的建设是随着企业业务的不断创新,信息化建设的持续进展、迭代完成的。因此对营销中台的建设提出了三条最基本的要求:所有业务中台实现对内、对外的全面开放,原因是这样能够极大促进业务能力的发展;不断创新业务模式,不断基于新的业务需求试触,使业务中台的应用场景更丰富、更完善;对数据进行深度应用,借助营销中台打造企业运营数据中心,打通互联网大数据以及企业各运营系统相关数据,为前台应用提供统一的数据服务。

基于云端部署营销中台。在部署方式上,营销中台一般会部署到"云端",这样更有利于互联网模式的应用实现,使服务组件由中心向端化延伸的路径更加经济、方便、安全,达到"厚云薄端"的效果。

本章小结

数字营销绝对不是微信、微博、Facebook、DSP、LBS等各种营销工具的低维组合和几何叠加。正如人类战争史以来枪炮从来是领军将相的"器物"一样，更为上者乃为"兵法"，从春秋时代孙子的《孙子兵法》到普鲁士时代卡尔·冯·克劳塞维茨（Karl von Clausewitz）的《战争论》都可以看出，中西皆如此。本书认为通过以下五点可以判断营销战略是否真正实现了"数字化"，它们是：连接、消费者比特化、数据说话、参与、动态改进。移动互联、万物互联网使得人与人、人与产品、人与信息可以实现"瞬连"和"续连"；这种高度连接产生了可以追踪到的数据轨迹，使得消费者被比特化；营销的每个环节可以用数据来说话，并在连接中实现消费者的参与，实现企业的动态改进。以上五个要素拼合在一起，我们可以说数字时代的营销真正可以实现"贯穿式顾客价值管理（synchronizing customer value management，SCVM）"。

SCVM是继CRM（客户关系管理）之后的革命性营销范式。它的核心理念是：基于顾客全生命周期，协同组织各部门实现闭环式客户价值管理和增值管理。在数字时代，客户消费场景化、渠道多元融合化、服务和产品一体化、品牌传播实时化，企业必须打通研发、营销、销售和服务环节，以顾客价值为核心带动公司的销售收入和利润增长。其中，对于顾客的全方面洞察和全生命周期管理成为关键，而获得更多优质客户、提升顾客钱包份额、提升顾客终生价值就是实现业绩增长的具体手段。

SCVM 的整合架构简化如下：顾客数据平台—商机挖掘—联系管理—洞察引擎—内容定制—互动分发—多式协同—营销指挥板。在 SCVM 营销体系中，企业可以集中而又灵活地跨部门、跨渠道、跨品牌地识别和深入挖掘客户价值。以迪士尼乐园为例，运营方投资 30 亿美元打造大数据追踪系统 MyMagic。这套系统能追踪迪士尼乐园游客的分布、轨迹、如何进行消费、什么时候用餐以及最后购买了什么，所有消费者在迪士尼乐园内的行为最后都发生了"比特化"。

数字化时代，消费者在完成整体消费流程的过程中产生了大量记录消费者足迹的数据，形成一个庞大的营销分析资源库。大数据和人工智能等技术使企业具备了针对目标客户的大数据分析能力，能够更好地帮助企业实现精准营销，提高企业的经营绩效。

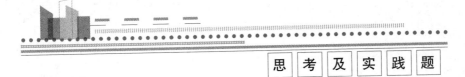

思考及实践题

1. 数字化时代的特征是什么?
2. 新时代下传统企业面临的三大挑战是什么?
3. 数字化时代营销变革路径有哪些?
4. 如何判断营销战略是否真正实现了"数字化"?

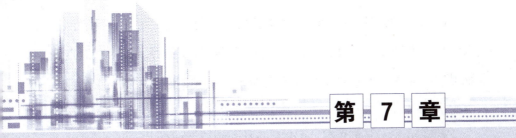

第 7 章
工业互联，智能制造

学习目标

通过本章的学习，读者将能够：

- 了解智能制造发展趋势。
- 熟悉工业互联网平台、智能技术应用。
- 理解企业内通、外联、平台运营。

7.1 智能制造发展趋势

进入 21 世纪以来，新一代数字技术呈现爆发式增长，物联网、云计算、大数据、移动互联网、人工智能、区块链等新技术在制造业获得广泛应用，制造系统集成式创新不断发展，形成了新一轮工业革命的重要驱动力。

面对新一轮工业革命，世界各国都在积极采取行动。美国制订"先进制造业伙伴计划"，德国制订"工业 4.0 战略计划"，都将发展智能制造作为本国构建制造业竞争优势的关键举措。我国也明确提出，要以新一代信息技术与制造业深度融合为主线，以推进智能制造为主攻方向。

智能制造是先进信息技术与先进制造技术的深度融合，贯穿于产品设计、制造、服务等全生命周期的各个环节，是相应系统的优化集成，旨在不断减少风险，提升产品质量，提高生产效率和效益，提高服务水平，减少资源消耗，降低成本，缩短交货期，推动制造业创新、协调、绿色、开放、共享发展。当前，在大数据、云计算、移动互联网、工业互联网集群突破和融合应用的基础上，人工智能实现战略性突破，信息化进入了以新一代人工智能技术为主要特征的智能制造阶段。

工业互联网是新一代信息网络技术与现代工业技术深度融合的产物，是制造业数字化、网络化、智能化的重要载体，也是全球新一轮产业竞争的制高点。工业互联网通过构建连接企业、机器、物料、人、信息系统的基础网络，实现工业数据的全面感知、动态传输、实时分析，形成科学决策与智能控制，提高制造资源配置效率，正成为领军企业竞争的新赛道、全球产业布局的新方向、制造大国竞争的新焦点。

基于工业互联网平台,企业数字化转型可从三个层面推进:第一个层面是内通,实现生产效率提升;第二个层面是外联,实现价值链延伸;第三个层面是构建产业生态,实现平台化运营。不同企业可以根据企业的不同现状,从不同层面发力,实现数字化转型(如图7-1所示)。

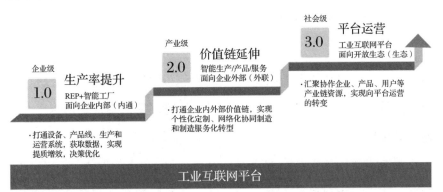

"内通"是指企业内部互通,转型主要从生产效率的提升方面切入,一般是ERP与智能工厂结合。这个阶段主要是人、料、设备、业务的互联互通,打破过去因只做局部信息化而在不同业务系统间产生的信息孤岛,实现ERP与企业生产运行(智能工厂)以及生产设备(智能设备)之间的无缝集成,同时实现信息共享、数据互联,从而通过一体化来提升企业的生产效率、管理效率。

"外联"指在产业链上做价值延伸,实现生产、产品、服务的智能化、网络化、协同化。这个阶段要打通企业内外部价值链,实现个性化定制的柔性制造、网络化协同制造和设计制造一体化。

"生态"指行业龙头企业凭借产业链优势，借助工业互联网平台构建产业链生态，把产业链生态中协作企业的产品、用户、供应商、业务流程、信息、数据全部连通起来，实现向平台化运营的商业创新与业务转型。

7.2 工业互联网平台

工业互联网是基于工业设备、原材料、产品、再制品、工控系统、管理系统以及人的工业全要素互联网络系统，是工业智能化的"血液循环系统"。

工业互联网平台面向制造业数字化、网络化、智能化需求，构建基于云平台的海量数据采集、汇聚、分析服务体系，支撑制造资源泛在连接、弹性供给、高效配置。工业互联网平台解决的是与工业相关的企业互联问题，不仅包括工业设备的互联，还包括研发、协同设计、客户参与、营销、撮合、通路、供应、制造、总成、物流、调试、服务、售后、反馈等完整产业链条的互联。

1. 工业互联网平台——智能制造的基础平台

工业互联网平台是基于开放互联网络构建的工业生产要素资源池，是一种新兴产业生态体系载体。在这种生态体系中，众多行业及众多企业在研发设计、生产制造、设备维护与管理、生产过程控制、仓储、物流、售后服务、业务交易与管理、金融服务、社会化服务等方面实现标准化、数字化和智能化的基础上，通过各种通信技术手段将各种流程全部连接到云端数据中心；通过云计算、物联网、大数据、移动互联网、人工智能、区块链等技术手段，将组织、人、机、物、信息等有机结合，从而实现提升质量、降低成本、提升效率、控制风险、增加收入，同时实现商业创新、管理创新、业务创新。其核心要素包括数据采集体系、工业 PaaS（平台即服务）和应用服务体系。

工业互联网平台对于打造新型工业，促进"互联网 + 先进制造业"融合发展具有重要作用，主要体现在以下几方面。

1）能够发挥互联网平台的集聚效应

工业互联网平台承载了数以亿计的设备、系统、工艺参数、软件工具、企业业务需求和制造能力，是工业资源汇聚共享的载体，是网络化协同优化的关键，催生了制造业众包众创、协同制造、智能服务等一系列互联网新模式和新业态。

2）能够承载工业操作系统的关键角色

工业互联网平台向下连接海量设备，自身承载工业经验与知识模型；向上对接工业优化应用；是工业全要素链接的枢纽，是工业资源配置的核心，驱动着先进制造体系的智能运转。

3）能够释放云计算平台的巨大能量

工业互联网平台凭借先进的云计算架构和高性能的云计算基础设施，能够实现对海量异构数据的集成、存储与计算，解决工业数据爆发式增长与现有工业系统计算能量不匹配的问题，加快数据驱动的网络化、智能化进程。

2. 工业互联网平台的几大核心能力

一般来讲，工业互联网平台具备企业互联能力、IoT 连接能力、生产与管理以及交易服务能力、资源共享能力、开发与运维能力、大数据分析能力、工业 App 应用市场能力和金融服务能力等核心能力。

（1）企业互联能力：以平台为纽带，以中心企业、大型企业为核心，大企业带小企业，实现不同企业、不同行业之间的彼此连接，形成工业企业互联网。

（2）IoT 连接能力：适配工业领域常见通信协议、多种品牌的数控系统及 DCS/PLC（分布式控制系统/可编程逻辑控制器）控制系统；实时采集各类设备触发的各类数据，并完成数据清洗、标准化转换和存储；借助 IoT 平台，企业能够实现与不同类型设备的快速连接，实时采集设备数据，快速下达生产指令到各机台，实现生产过程透明化，动态掌控生产进度。

（3）生产管理以及交易服务能力：通过企业与企业、企业与供应商、企业与客户、企业与消费者、企业与社会化服务机构等的对接，实现全球寻源、社会化分工、高效协同、智能化生产、智慧化管理与交易。基于 PaaS 平台，自行开发或集成各种适合产业或企业需要的应用程序，包括设计类、仿真类、生产类、3D 打印类、管理类、交易类、服务类、企业金融服务类等领域的 App。

（4）资源共享能力：将数据科学、工业科学、管理科学、信息科学、计算机科学在云端融合，推动资源、主体、知识集聚共享，形成社会化的协同生产方式和组织模式。

（5）开发与运维能力：提供完整的工业 App 设计、建模、开发和运维能力。为工业 App 实现基于容器的高效系统运维服务，实现 IT 设备整体运维监控服务，以及为企业业务实现运营监控，真正为企业提供全流程的数字化运维能力，帮助企业实现实时企业和智能企业的技术升级。

（6）大数据分析能力：建立面向工业的精准、实时、高效的数据采集、存储、集成、访问、分析和管理平台，实现产业技术、经验、知识的模型化、标准化、软件化、复用化。

（7）工业App应用市场能力：构建专业的工业App应用市场，整合自身开发的以及第三方生态伙伴的工业App应用，共同成就"企业服务产业共享平台"的大生态，服务企业数字化转型。

（8）金融服务能力：为企业及产业链上下游客户提供方便、快捷与低成本的金融服务，主要包括企业支付、供应链金融、企业理财、现金管理等。

3. 工业互联网平台的架构

作为智能云平台，工业互联网平台将融合移动互联网、云计算、大数据、物联网、人工智能、区块链等数字技术，帮助工业企业实现数字化转型，促进生产方式变革，发展个性化定制、网络化协同制造等新模式，推动软件资源、制造资源、工业技术知识的开放与共享，促进产品质量、生产效率、经济效益与生产力的跃升。

以用友精智工业互联网平台（如图7-2所示）为例，总体架构可分为边缘计算层、IaaS（基础设施即服务）层、PaaS层、DaaS（数据即服务）/BaaS（后端即服务）/SaaS（软件即服务）层等四层技术架构，以及第三方开放者中心、App交易市场、平台安全和平台标准。边缘计算层构建精准、实时、高效的数据采集体系，借助物联网、传感器等技术，实现工业设备的互联，实现设备相关运行数据的采集、汇集。

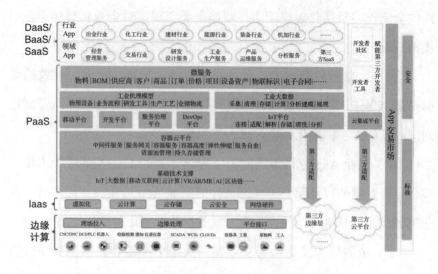

图 7-2 用友精智工业互联网平台架构图

IaaS 层将计算、存储网络等资源池化,是工业互联网平台硬件的支撑。PaaS 层构建一个可扩展的操作系统,为应用软件开发提供基础平台和统一的技术标准、数据标准,是工业互联网平台的核心。DaaS/BaaS/SaaS 层,即工业 App,满足不同行业、不同场景的业务需求应用服务。这一层是工业互联网平台服务企业数字化转型,构建企业智能制造解决方案的关键。

精智工业互联网平台以平台为纽带实现工业企业互联。该平台支持企业开展与不同类型设备的快速连接,实时采集设备数据,除了实现生产过程透明化外,还实现了全球寻源、社会化分工、高效协同、智能化管理与交易;推动资源、主体、知识集聚共享,形成社会化的协同生产方式和组织模式;使开发者实现工业 App 的设计、建模、开发和运维;实现生产技术、经验、知识的模型化、标准化、软件化、复用化;为企业及产业链上下游客户提供方便、快捷与低成本的金融服务。通过打造数字化工业 App 应用生态圈,共同成就"企业服务产业共享平台"的大生态,服务企业数字化转型。

4. 基于工业互联网平台的智能制造解决方案

基于工业互联网平台的制造企业智能制造解决方案,由智能决策、产业互联、智慧管理、智能工厂、基础平台五层构成,帮助制造企业实现产业链集成、价值链集成与纵向集成的全面智能化制造转型(如图 7-3 所示)。这五个层级之间互相关联,各自独立又紧密相关。

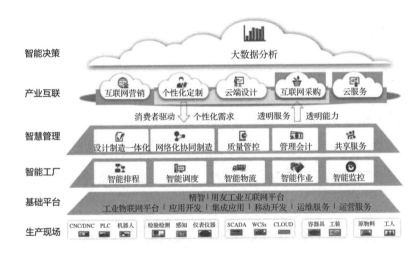

图 7-3 智能制造一体化解决方案框架

第一层是以大数据分析为主要应用的智能决策层,帮助企业最终实现数据驱动的实时决策、实时运营。

第二层是以互联网营销、个性化定制、云端设计、互联网采购、云服务为核心的产业互联层,基于消费者和终端客户需求变化,从销售端、采购端、产业链端等环节，体现制造业与数字化的深度融合。

第三层是以设计制造一体化、网络化协同制造、质量管控、管理会计、共享服务为核心的智慧管理层，这一层主要基于企业内部管理与运营提升和数字化转型需求，体现未来管理与数字化的深度融合。

第四层是结合移动互联网技术、工业物联网技术，实现生产智能排程、智能调度、智能物流、智能作业、智能监控，促进生产过程智能化的智能工厂层。

第五层是以工业互联网平台为核心的基础平台层，包括云计算平台、开发平台、移动平台、大数据平台、工业互联网平台、云运维平台、互联网中间件、工业大数据、机理模型及微服务等。

7.3 企业内通——提升运营效率

综合制造业信息化发展方向判断，企业内通需要实现ERP、智能工厂、智能装备的一体化。智能工厂框架如图7-4所示。

集团进行整体信息化分布式部署。集团部署ERP和商业分析，工厂部署智能工厂管理业务。智能工厂管理可以引用集团商业分析中工厂智能的功能点，并集成在一个系统中。集团部署成本管理和生产计划，工厂部署生产计划及排程等其他生产执行管理层的主要功能。

实时数据采集负责将DCS、PLC、SCA-DA（数据采集与监控系统）、数控设备等系统的数据采集到实时数据库中。智能工厂基于实时数据库进行各类管理工作。根据业务需要，部分业务需要与设备进

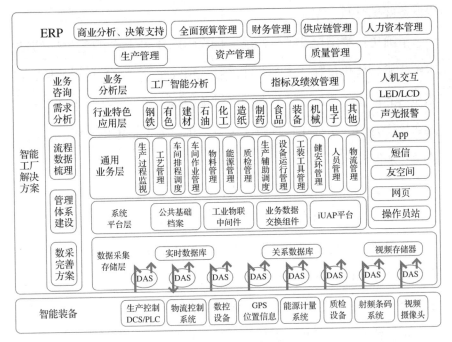

图 7-4 智能工厂框架

行双向数据交互。

智能工厂的功能包括工业互联、工艺管理、生产过程监控、生产排程、车间作业管理、物料管理、能源管理、质量管理、设备管理、工装与工具管理、物流管理、健康安全环保管理、人员管理、生产辅助调度等。

1. 应用效果

可视化：值班人员在调度室、领导在办公室可实时监控物流、生产、能源、设备状态，把控现场，保证生产过程安全。生产过程可视化，有助于实时监控生产过程现状；能源生产可视化，有助于监控能源消耗情况，协调能源产耗，优化能源运行；设备状态可视化，有助于减少设备停机时间。

精细化：精细化管理各产品、批次的能耗实绩及单耗，可以据此对比分析，优化单耗，逐步节能降耗；精细化管理生产订单的原料消耗和产品产出，有助于计算各生产订单的生产成本，并且生产成本可做到日清月结。精细化管理每次设备停机，做设备停机分析，有助于减少异常停机。

一体化：通过与业务系统集成，将计量软硬件结合使用，有助于防止计量过程中出现作弊行为，保证计量结果的公正性，提高计量数据的准确性、安全性、及时性；实现计量数据共享，有助于简化操作流程，提升工作效率；自动采集生产及能源过程中的数据并与业务管理结合，可以提高数据利用效率和管理的效率；质量数据自动采集提高了质量数据的准确度和及时性，降低了质检人员的工作强度，提高了质检效率；主数据统一，可以减少信息系统集成难度，降低信息系统维护人力工作量；单点登录、门户集成、信息推送，可以提高信息系统使用者的操作便捷性，降低使用难度。

2. 应用价值

简化车间作业：大幅提高车间工序作业申报的效率，减少工人工作量；实时监控产品车间加工进度，准确掌握车间工序在制品状况，为管理者管控车间工作进度提供准确数据。

按订单及生产线统计物耗、能耗，及时计算出品项成本，及时发现产品成本异常。通过管理改进，有利于降低生产成本。

多层次、多岗位实时监控生产过程，可以及时发现生产异常，减少生产事故发生，实现安全生产；实时监控统计分析设备停机状况，能减少设备停机时间，提高生产效率。

通过过程质检，监视在线质量数据和人工分析数据，及时发现质量异常，提高生产稳定性和产品质量；通过精细化生产，技术经济指标对标和物耗、能耗管理，降低产品成本。

通过精细化生产线和班组的生产管理，突出异常管理，加强绩效管理，提高企业的管理水平，增强企业竞争力。

7.4 企业外联——价值链延伸

1. 大规模定制

大规模定制是一种集企业、客户、供应商为一体，在系统整体优化思想的指导下，充分利用企业已有的各种资源，在标准化技术、现代设计方法学、信息技术和先进制造技术等的支撑下，根据客户的个性化需求，大批量、高效率地生产低成本、高质量的定制产品的生产方式。表7-1列出了大规模生产与大规模定制的区别。

1）大规模定制是社会发展的必然趋势

大规模定制是根据每个用户的特殊要求，以大批量生产的效率提供定制产品的一种生产模式。通过大规模定制把"大批量"与"定制"这两个看似矛盾的生产模式有机地结合在一起，实现了客户的个性化需求和大批量生产的有机结合，从而满足小批量、多品种的市场需求。个性化定制可以增加客户满意度，扩展个性化客户群体。个性化定制，按需生产，可以减少库存积压，降低成本，有利于生产过程和产品的

表 7-1 大规模生产与大规模定制

	大规模生产	大规模定制
焦点	通过稳定性和控制力取得高效率	通过灵活性和快速响应实现多样化和定制化
目标	以几乎人人买得起的低价格开发、生产、销售、交付产品和服务	开发、生产、销售、交付买得起的产品和服务，具有足够的多样化和定制化，差不多人人都买得到自己想要的产品
关键特征	·稳定的需求 ·统一的大市场 ·低成本、质量稳定、标准化的产品和服务 ·产品开发周期长 ·产品生命周期长 ·按预测生产	·分化的需求 ·多元化的细分市场 ·低成本、高质量、定制化的产品和服务 ·产品开发周期短 ·产品生命周期短 ·按订单数量生产

连续改善，还有利于企业的生存和发展。

大规模定制的优势非常明显，已经成为越来越多企业的选择。在中国智能制造试点示范推广项目中，已经将大规模定制作为一种先进生产模式加以推广。在服装、家居等行业已确立了多家大规模定制试点示范企业。

2）大规模定制的实现基础

首先，有效实施大规模定制，必须准确地获取客户需求。随着互联网的普及，以及电子商务、在线产品配置系统的应用，企业可以快速创建获取客户需求的平台。对于不同行业，需求获取的要求可能会不一样。服装、家具等行业要求参数化配置，比如定制服装要测量客户的身高、腰围、臀围等参数，然后依照体形缝制服装交付客户。汽车、家电、计算机等行业要求模块化选配，根据客户选配情况进行生产或组装。

其次，有面向大规模定制的敏捷开发能力。客户个性化需求会增加产品的多样性及复杂性，但是为了提高生产效率，必须从设计端归纳总结，根据相似性原理进行模块化、标准化、参数化设计，才能有效规避制造过程的复杂性，提高生产效率。

最后，要有面向大规模定制的柔性制造能力。在传统大规模生产中，一条生产线或者一个加工中心只能加工某一规格型号的产品，换产成本极高。柔性制造系统是由若干数控设备、物料运贮装置和计算机控制系统组成的，它还是一种能根据制造任务和生产品种变化进行迅速调整的自动化制造系统。这种生产制造系统能够在较少的人为干预下，生产同一系列的不同产品。

3）支持大规模定制的信息系统

大规模定制要求企业在用户提出产品需求的同时，能够快速做出响应。这就要求企业必须构建一个高效协同，连接客户、供应商和企业的信息系统。有了这样的信息系统，才能真正打通客户、企业、供应商之间的连接，才能打通从选配接单到物料采购、生产制造、物流配送的全流程业务，才能高效快速响应客户需求。

2. 设计制造一体化

过去的十年是 ERP 飞速发展的十年，可以预见，未来十年一定是 PLM（产品生命周期管理）飞速发展的十年。PLM 主要解决企业产品数据标准化和产品研发过程标准化问题，能帮助企业优化业务模型和数据模型，并固化在系统当中，形成企业的工作准则。

1）设计制造网络协同一体化的行业化应用

不同的行业有不同的行业特性,这里重点分析机械装备、汽车零部件和电子高科技行业。

装备制造企业采用单件小批的生产模式,这是典型的项目型设计制造一体化模式。在装备制造企业,如果不做 PLM,ERP 顶多做到财务加进销存。装备制造企业经常出现"产品交付了,BOM（物料清单）却不准"的现象,原因就在于:装备制造企业典型的特点是边设计、边生产,甚至边设计、边修改、边生产。在没有以编码一致性为前提,没有 BOM 可按部件设计并提供给 ERP 的机制,没有产品变更后第一时间就提交给 ERP 的通路的情况下,ERP 根本无法运行。

汽车零部件企业是产业链协同的典范,汽车行业建立了一个产业链共同进步的模式,遵循统一的规则——IATF16849（汽车质量管理体系）。而 PLM 在汽车行业的应用就是将 IATF16849 尤其是其 APQP（产品质量先期策划）在系统中落地。

电子高科技行业是典型的多专业协同的行业,它要求机、电、软一体化,且研发流程大不一样。如何实现协同作业？这需要一个协同开发的平台。要建立流程,每个人只需要接受任务、提交任务,真正实现覆盖范围广的互联网异地协同模式。

2）在产品生命周期的理念下设计制造网络协同一体化的应用

设计制造一体化所要做的是将从产品设计、工艺计划、生产准备计划、生产计划执行,到最后的安装调试等过程定义成完整的项目。项目的输出决定了用什么工具:例如,如果输出是一个报告,那么调用办公软件模板执行就可以了;如果输出是一幅设计图,那么在 CAD

中实现并提交就可以了；工艺要到工艺管理中实现；生产计划和采购计划要到ERP系统中实现；将项目定义的结果链接到这个项目输出上，用项目管理的平台，串联起CRM、PDM（产品数据管理）、ERP，真正打造全生命周期的解决方案。

统一编码是设计制造网络协同一体化的基础。编码不一致，会给企业带来很大的困惑；在信息技术已高度发达的今天，集成技术已不是难题，而数据规划的不合理和数据的不一致才是信息不畅的根本原因。

BOM（物料清单）是设计制造网络协同一体化数据的根。过去，系统间的BOM往往要通过转换来适配不同系统的应用，而在数据一体化模式下，生命周期过程中的BOM所经历的不是转换，而是逐渐成熟的演进。在编码一致的情况下，先做初始BOM，在此基础上完成设计，再提交返回以形成完整的产品BOM；然后在此基础上做好工艺路线、材料定额、完成对工时的定额，并提交给ERP和MES（制造执行系统）。

工艺管理是从设计到制造网络协同一体化的纽带。ERP需要有工艺才能做生产计划，才能做出正确的成本预算。因此，在设计BOM的基础之上，在后台工艺知识库、工艺资源库的支撑下完成对自制件工作路线的编辑，工时定额、材料定额的设计等，为生产制造提供加工信息，为MES提供加工指令。因此，工艺管理是从设计到制造网络协同一体化的纽带。

项目管理实现设计到制造业务一体化协同。通过项目管理的流程自定义工具，可将项目的流程从立项、方案、设计、工艺、制造到销售的整个过程定义成可控的项目流程,并定义每个任务节点的输出物。通过项目管理的支撑实现了设计制造网络协同一体化的数据协同和业务协同,从而打通了企业的业务通路和数据通路,并方便实现企业的网络化部署和应用。

设计云服务实现社会化设计制造一体协同(如图7-5所示)。以用友云协同设计研发服务为例,作为公共研发设计协同平台,在云端架起产业链上各企业间项目协同和数据协同的桥梁,在云端开启产品研发的社会化协作模式,实现产品数据及研发业务之间的共享及协作,消灭企业之间的协同鸿沟,加速产品研发设计。

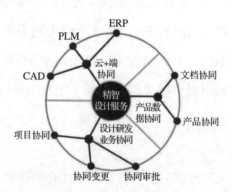

图 7-5 设计服务功能结构图

以用友云设计服务为例,其通过云与端结合的模式,解决产业链设计研发协同问题。用友云不改变企业内部的管理体系及 IT 架构,只通过云端(公有云)的设计研发服务实现设计研发业务和产品数据的云端协同。

设计研发业务协同:PLM(产品生命周期管理)中的项目任务可通过云设计服务分发给上下游协同研发的组织或个人。参与协同开发的组织或个人只负责在云端接收任务、执行任务、提交任务。任务及提交物通过云端自动返回到企业 PLM 中,从而实现社会化的研发项目协同。变更和审批也是一样以任务的形式发给相关者,由相关者执行提交,统一纳入企业 PLM 管理。

产品数据协同:当企业上下游之间需要数据交互时,可直接在内部 PLM 中向云端发放文档和物料,也可接收云端发放的数据,实现上下游间数据的协同分发。通过生成的二维码可在线验证发放数据的有效性。

通过将 CAD 数据转为 PDF,在实现 3D 数据轻量化的同时,也可以实现在线浏览。

3)设计制造网络协同一体化价值

在数字经济时代,虽然需求的生命周期很长,但产品的生命周期会越来越短,迫使企业在生产第一代产品的时候就试制第二代、设计第三代、构思第四代。只有这样企业才能基业长青。

企业的新品不等于产品,产品不等于商品。新品只研发出来却不生产,它就不能成为产品;产品不能上市、不能卖出去,它就不能成为商品。所以,一个企业的成功,一定不是某一个部分的成功,而是整个体系的成功。

应对互联网时代的变化。首先,要用信息化作为互联网化的一种根本基础。借助大数据、人工智能、云计算和移动应用等技术手段,实现无处不达的信息推送和获取,才是未来互联网化的一个根本特征。企业数字化,就是通过信息化的手段帮助企业实现营销、渠道、产品、运营的全方位互联网协同应用。

数字经济时代的竞争，已不只是企业间的竞争，而是产业链的竞争。社会分工越来越细，而协同越来越紧密。产品生命周期的每一个环节（战略、市场营销、方案设计、生产计划、制造销售、维修等）都是由不同的企业、机构甚至是个人共同参与和协同完成的。在这个过程中，产品生命周期管理战略成为企业的必然选择。

3. 网络化协同制造

随着科技的飞速发展，协同的范围早已跨越了单独的个体，扩大成为整个企业内部多工厂、上下游产业链乃至社会化组织间的全方位的网络化协同。网络化的协同制造，是指利用互联网、大数据和各种集成技术将串行工作变为并行工程，打破时间、空间的约束，将企业产品设计、制造、运行、维护等各环节紧密连接，实现产品生命周期内资源的最充分利用，提高效率，提升产品质量，从而获得更高的经济效益。网络化协同设计制造模式将是未来主要的先进制造模式，异地协同设计制造技术是提高企业在全球市场上的竞争力的重要保障。

1）网络化协同制造的层次划分

传统模式下，企业是以内部单个车间或工厂为单位进行生产管理的。随着企业规模的扩大和制造业的发展，单纯以内部车间或工厂为管理对象已不能满足现代制造企业的管理需要。协同制造管理对制造型企业越来越重要，也被更多的企业所认识到。现代制造企业协同模式一般分为三个层次。

（1）多组织内部协同。

在制造业向大型、精密、数控、全自动趋势不断靠拢的时代背景下，企业实现多组织的纵向管控、横向集成，实现覆盖业务全链条、产品全生命周期及产品交付全过程的业务协同，整合公司内部各分公司和各子公司的资源，由传统的数据孤岛转为信息化协同管理，采集各个环节的数据，并输入全生命周期数据库以形成总知识库。将信息技术、自动化技术、现代管理技术与制造技术相结合，构建面向企业的网络化协同制造系统，实现企业间的协同和各个环节资源的共享。

（2）产业链协同。

现代企业的运作已经不再局限于企业本身。送到最终消费者手中的产品可能需要由多家企业共同生产。企业的产品可能是直接上市的消费品，也可能是其他企业的原料或半成品，而企业自身用到的零部件、半成品或原材料又可能是其他企业的产品。总之，每家企业和其他企业都可能存在相互依存、合作或竞争的关系。所以，企业现在不但需要构建内部多工厂之间的网络协同，而且也要在产业链上、下游企业之间构建网络协作。

（3）社会化协同。

网络化、数字化、社交化、移动化的相互融合产生的互联经济，正在使个人、企业、市场、社会之间的联系日益广泛和紧密。整个社会协作网络中，资源极其庞大，除跨上下游企业的协作以外，跨专业、跨领域的社会化大协同也已成为一种趋势和潮流。产品从原料、生产到上市，不仅仅需要上下游生产业务的协同，还涉及社会化物流、外部研发设计、专业实验检测、金融服务、电子商务等多专业、多领域的大配套、大协作。

2）网络化协同制造实现路径

在前端，通过互联网技术将消费者与企业相连接。企业提供标准化模块供消费者选配组合，消费者直接参与企业的设计、生产环节。企业利用大数据和数据挖掘技术，将海量用户需求及市场反馈数据进行对比、分析，对制造方式及工艺提出建设性指导，为产品的更新换代提供数据支撑。

在后端，随着企业的发展，其将会拥有处于不同地理位置的生产基地及多家工厂，生产管理的复杂性很高。需要解决的问题包括：如何满足集团领导随时了解各工厂生产情况的需求；多工厂之间存在上下游配套生产关系时，计划如何协同；若企业有紧急订单，计划人员如何快速调整并合理安排生产；若出现异常，订单无法按时完成，如何在各工厂间重新调派任务。因此，对于一个有多家工厂的制造企业来说，协同平台能有效地整合企业内部各个部门的协调性，包括产供销协同、多工厂计划协同、物料协同等。

7.5 平台运营——产业生态融合

面向开放生态的平台运营——工业互联网平台，汇聚协作企业、产品、用户等产业链生态资源，实现向平台运营的转变。作为核心企业，在基本实现面向企业内部的生产效率提升、面向企业外部的价值链提升的基础上，进一步走向面向开放生态的平台运营，是核心企业走向平台化、社会化的必然追求。

下面针对工业品营销服务平台进行分析。

1. 工业品营销趋势与特征

移动互联网、物联网、云计算、大数据时代的到来，催生了中国智能制造的新时代，其特征是互联工厂，即定制、互联、柔性、智能、可视。而互联工厂首先要解决的是营销端的问题，要以营销拉动智能生产。

基于互联网的工业品营销是智能制造整体解决方案中实现产业互联的关键一环，也肩负着解决制造企业客户开源问题的重要使命，尤其在产能过剩的当下，极具现实意义。只有更好地接触客户，掌握渠道，精准营销，才能有效指引后端的研发、生产与服务。

数字技术的普及推动了工业企业营销互联网化转型，基于互联网的工业品营销凸显出几大发展趋势。① 数字化：以大数据、云计算、电商、移动应用、社交应用为支撑的数字化营销和数据驱动。② 网络化：多级渠道演变为网络化渠道，不再受限于地域约束和社会化的物流网络。③ 扁平化：互联网消除了渠道、地域信息壁垒，使直接掌控终端成为企业营销的首要目标。④ 服务化：从单纯销售转向提供多元化营销服务，物流、金融配套，提升线上线下服务水平。⑤ 平台化：整合资源，抢占产业互联网入口，从单一电商交易平台转向综合服务平台。

2. 工业品营销的主要模式

结合多年来数字营销领域及制造行业信息化方面的经验积累，提炼了两种针对工业品的营销模式，即依托渠道拓展业务的渠道营销模式，以及面向大客户、企业级终端用户的项目营销模式。两种模式应用的行业、客户特征各有不同。这两种模式也不是孤立存在的，有些工业品制造企业针对不同的渠道类型，同时采用两种营销模式。然而，无论采取何种营销模式，商业的本源都不变，始终追求更好的产品、更好的价格、更好的服务。

两种工业品营销模式下，其典型的业务特征、核心需求方案以及互联化的融合应用各有不同。在渠道营销模式下，互联网服务集成应用尤为突出。很多企业已经或正在建立自己的B2B综合营销服务平台，而不是单一的电子销售，通过平台整合社会化物流资源，围绕客户提供全面的渠道和深度服务。在项目营销模式下，围绕客户全景视图，开展移动化的营销项目全生命周期管理，并依托互联网平台更好地开展社会化营销互动，洞察每个客户、项目的营销状态，科学应对以上阶段，是营销拓展的趋势。

3. 工业品营销管理框架

对于集团型制造企业，尤其是流程制造企业而言，两种营销模式不是孤立存在的。针对以上两种主流的工业品营销模式，结合最新互联网技术应用，提出工业品互联网营销总体应用框架（如图7-6所示）。

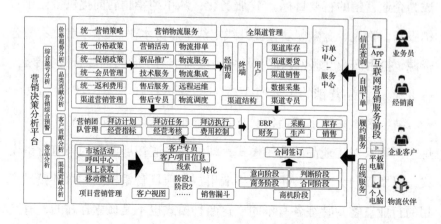

图7-6 工业品营销管理框架

工业品营销服务平台基于互联技术架构，支持云端部署，覆盖渠道营销与项目营销两种主要营销模式。平台对内链接企业ERP，实现内部信息资源的共享，支撑前端的营销服务应用。平台对外链接终端客户、经销商和其他合作伙伴。实现内外互联互通，构建内外部员工多方接入的统一营销服务平台。同时，平台前端强调应用的轻量化、移动化，强调一线业务人员、客户、伙伴的操作体验；后端强调平台化、资源化、体系化，提供强有力的营销、技术、服务的支撑。

工业品企业要全面掌控互联网营销渠道，构建自己的O2O商业模式，逐步将销售通路与原料采购进行一体化融合，形成自上游到下游的全贯通。打造线上线下财务业务一体化，应用从销售、订单、会员、采购、物流、供应链到财务的整体解决方案。对客户的需求进行精准分析，按照需求运行面向客户的生产模式，提高客户的满意度和订单利润率，逐步趋向小批量和定制化的柔性生产，实现C2M（顾客对工厂）。过程控制结合智能制造实现自动化全面过程监视运行，客户直接参与过程管理，实现生产过程可追溯。

4. 工业品营销升级路径

互联网的本质是连接和沟通。工业品制造企业不仅能运用互联网来更好地连接和沟通客户，还可以用互联网推进新的商业模式实践。工业企业营销端的智能化改造，关键在于构建以客户为中心的行业产业级营销服务平台，实现对客户的需求获取、精准营销、柔性定制和敏捷服务；最终产品服务又回归客户，形成高效的运营体系。按照当前主流的业务模式和对创新商业的案例探索，针对两种不同的工业品营销模式，有以下升级路径可以借鉴。

1）渠道营销三步走升级进阶

第1步：构建具有服务工业品经营特征的互联网营销平台、门户或电商，实现全面的渠道管理及业务协同，并与ERP系统集成，打通交易端的互联网化协同、管控渠道，直达终端大客户。

第2步：基于营销服务平台进一步构建互联网化的物流服务体系，补足大宗工业品的物流服务短板，实现良好的客户服务体验。

第3步：进一步整合社会化物流服务并提供供应链金融支撑，基于产业链做价值创新，最终依托本企业形成社会化的产业生态。

2）项目营销三步走升级进阶

第1步：构建基于CRM的360度客户关系，基于移动化的商机漏斗跟进管理，实现项目售前、售中、售后全生命周期的项目管理。"掌控"项目，初步搭建知识体系，赋能营销团队，细化考核。

第2步：开展个性化定制、C2M、前端智能化核价与报价。打通销售与生产全环节，提供实时准确的进度跟踪及反馈，提升产销一体化柔性。

第3步：最终实现设计制造一体化应用，并基于营销大数据进行智能化分析决策。

7.6 智能技术应用举例

人工智能是研究、开发用于模拟、延伸和扩展人类智能的一门集理论、方法、技术及应用系统为一体的新的技术科学。从狭义角度讲，人工智能就是以 CNN（卷积神经网络）为代表的深度学习算法，具体的应用包括图像识别和语音识别。从广义角度讲，人工智能包括统计分析模型、机器学习模型、深度学习以及工艺机理模型等，并广泛应用于企业的各个方面。

人工智能技术整体架构可以分为人工智能行业赋能、数据智能业务算法、AI 基础算法三大部分，如图 7-7 所示。

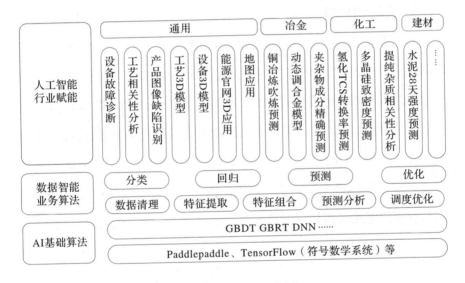

图 7-7 人工智能技术整体框架

以下选取部分智能技术，对其在制造业中的应用进行简要介绍。

1. 生产综合分析

在制造企业已有 ERP、MES 等业务系统的基础上，利用企业已有数据，借助大数据技术，实现营销、计划排程、库存、生产、能源、设备、质量、安全环保方面的综合分析。

2. 安全环保智能监控

随着企业规模的不断扩大以及对环境保护的重视程度不断加强，企业迫切希望能够对噪声、污水以及重要危险源实现实时监控，并能够对超标指标及时报警。以国内某企业为例，该企业基于GIS（地理信息系统）地图、无线通信、三维数字化等技术的融合应用，实现了对企业现场作业、人员、环境三位一体的闭环管理，建立污染排放监测点300余处、职业危害监测点600余处，提高了安全环保管理水平。

3. 管网3D建模应用

对于制造业而言，管道作为物质运输的载体遍布工厂各地。管网及附近的实际位置不清楚、排查困难，成为企业普遍存在的一个问题。通过构建管网3D位置数字模型，构建厂区管线模型（管线走向，可精确到管线阀门建模），能够对厂区现有管线工艺参数进行数据采集。企业管线3D模型已有部分实际应用案例，通过在管线3D上显示管道及仪表的静态信息（如管径、介质、位置、责任人等）和仪表的实时运行数据（温度、压力、流量等），实现对工厂管道的实时监控。

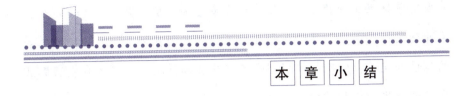

本章小结

在机械生产时代,企业的核心竞争力或者经营诀窍就是科学管理。科学管理源于1911年泰勒(Frederick Taylor)发表的《科学管理原理》。从此,管理学有了突飞猛进的发展。对组织和管理的研究一直在不断创新,但基本上都是围绕对组织和人的管理的深度创新研究。

随着工业化的发展,企业组织的规模越来越大,沟通成本不断增加,信息技术在企业管理中的作用越来越重要,电子化办公、无纸化办公、自动化办公等逐渐普及,信息化建设随着信息技术的发展而快速发展。一家上百人的企业如果没有信息系统作为支撑,其管理效率就完全跟不上市场的需求,会深刻影响企业的规模化发展。各种ERP系统得到普及和应用。常见的信息系统包括ERP(企业资源规划信息系统)、CRM(客户关系管理信息系统)、HRM(人力资源管理信息系统)、SRM(供应商管理信息系统)、FIMS(财务信息管理系统)、MES(生产制造执行管理信息系统)等。这些信息系统的使用大幅度提升了管理的效率,企业管理方式升级到2.0时代。

数据化管理是智能化管理4.0的序章,是积累和沉淀管理方法并通过算法实现智能化的基础,也是信息化管理的升级。当我们拥有了丰富的信息系统并且记录了大量的经营和管理活动的数据之后,就能够在这些数据的基础上进行分析和挖掘;能够利用数据发现问题,发现事物发生和发展的规律;能够在复杂的信息中总结出知识,从而为管理决策提供正确的指导，使管理决策更加准确，提高经营和管理决策的确定性。在提高经营和管理决策确定性的基础上，随着数据体系的建设和完善，以及数学模型的不断建立和优化，数据体系能够提供即时的数据分析和挖掘，为做出的决策提供更加快速的反馈，决策的效率得到大幅度提升：从传统信息化管理模式下的定期决策升级到瞬时决策。

智能化管理，即系统代替人决策的管理体系。在积累了丰富的模型后，通过引入人工智能、机器学习、深度学习等各种算法，在不断培养数据算法精准性的同时，能够让系统实现自学习、自优化，使之逐步具备管理思想，从而成为智能的决策系统、自动优化的决策系统。这时系统就能够指挥人类采取行动，从而实现系统指挥人决策的体系，即智能化管理。

从传统的科学管理到基于算法的智能化管理，所走过的是管理升级路线。另一条主线是以智能设备为主的工业智能的升级路线：目前，在工业智能上已经有比较成熟的模型。以德国提出的工业4.0的概念为基础，很多国家制定了工业智能的升级路线，包括美国的工业互联网、中国的智能制造等，在空间和设备上进行智能化改造与升级。管理的升级比空间和设备的升级更难，但会更有价值，这是由人力管理的弹性高于设备的弹性这一性质所决定的。

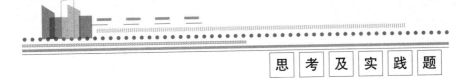

思考及实践题

1. 什么是内通和外联?

2. 什么是工业互联网平台?工业互联网平台的作用和核心能力是什么?

3. 企业内通的应用效果和价值是什么?

4. 什么是大规模定制?基于互联网的工业品营销发展趋势是什么?

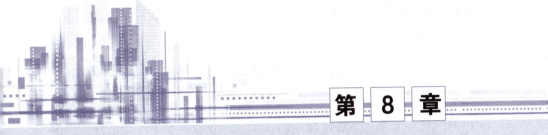

第 8 章

社交协同,智慧工作

学 习 目 标

通过本章的学习,读者将能够:

- 了解数字化时代的组织协同、数字化时代的智慧协同。
- 熟悉数字化智慧协同转型实施路径。
- 理解智慧协同如何重新定义数字化工作平台。

当企业从科层制管理走向扁平化管理,从"以流程为核心"走向"以任务、协同、话题为核心"的社交化的网状管理模式,无边界沟通带来高效协作,员工得到更多关注,团队创造力得到释放,这都是企业数字化带给我们的想象空间。

过去十年,新技术渗透到工作生活的方方面面,工作场所都在发生着巨大的变化:更加自动化,更加具有竞争力,更加年轻和全球化。在员工效率成为一个连续整体的背景下,企业需要关注灵活性,提供增强协作的工具和一定的自由度,进而让个人和团队更深入地参与工作,以提高个体生产力,达成组织效率提升的目标。

8.1 数字化时代的组织协同

1. 建立以人为中心的平等关系是组织拥有创造力的基础

Z世代的崛起,正在给我们的管理、商业带来极大的影响。公司将越来越重视80后干部和90后员工的培养。发挥年轻一代的创造力,需要激发他们热情的工作文化,让他们的潜力、能力得到最大限度的发挥。平等的沟通关系、开放的沟通氛围、具有趣味性的沟通内容,将帮助我们激发年轻人的活力和创造力。新时代数字工作的存在价值,就是为大家提供一个平等开放的沟通环境,让每个人都可以选择自己的关注内容,每个人都可以对内容和事件提出建议,每个人都可以分享自己的见解。

2. 智慧协同的数字化工作场所是数字时代的基石

在数字化时代,流程、资产、设备与员工之间将实现数字化连接;

在数字化时代，组织亟须通过员工赋能来提升员工自我管理、自主决策、自主经营、自我学习的能力；在数字化时代，工作场所将被深度数字化，通过智慧、灵动的连接，实现员工的高度分享和深度参与，从而实现赋能员工和激活组织的经营目标。

智慧与灵动。在数字化时代，工作是充分连接的、智慧的、智能的、灵动的，让员工拥有消费级体验的卓越感受，能够实现工作和生活的平衡。工作是以人人互联、人企互联为特征的无间沟通与协作，员工可以通过企业工作圈、发言动态促进彼此间的沟通、协作与共享，提升工作效率。建立企业社交，连接人与人，连接人与工作，使原本业务存在关联的业务单元通过社交属性从陌生到主动协作，让工作更加有趣。

分享与参与。在数字化时代，工作的环境是高度分享和深度参与的。让员工有强烈的代入感和融入感，通过透明化工作分工、充分授权和协作机制，发挥每个个体的优势与潜能，实现深度的参与、价值体验与分享。

赋能与激活。在数字化时代，工作的目标是实现员工的赋能与组织的激活。应选择优秀的人进入组织，将合适的人放在合适的岗位上。组织提供个人成长和组织价值共创的平台，帮助每一个个体成长和发展，同时实现组织的目标。

个体与组织是一种联盟与共生关系。个人履行组织所赋予的职责，并通过组织的持续赋能作用不断成长。个体和团队帮助实现组织目标。

3. 社交应用推动协同走向智慧协同

社交、移动和虚拟化在企业中的应用，直接催生了虚拟化工作。虚拟化工作深刻影响员工的工作方式以及员工为组织创造价值的方式。牛津经济研究院的一项调研显示：60%的企业认为问题解决能力得到大幅提升，65%的企业认为客户服务能力得到大幅提升，63%的企业认为强化了协作能力。

社交应用的最大价值在于将人与人、人与企业无缝连接，让员工在生活与工作中拥有一致的卓越体验，进而提升员工工作效率并创造更大价值。

4. 企业经营服务更加注重内外部连接与协作

如今企业经营服务从单一的作坊式经营模式发展为跨区域、产业链融合的社会化协作模式。企业的协作呈现出以下四种形式。

（1）统一工作入口成为企业数据深度连接的平台。信息化需要解决的是信息孤岛的问题，在云时代，互联网孤岛问题更突出。所谓互联网孤岛就是各个业务单元根据自身业务需要建设了互联网应用，却因为入口的多样而导致使用方法变得更加复杂的现象。数字化工作单位解决的是互联网孤岛的问题，借助统一工作入口和数据级的集成，将企业的内部系统和外部应用深度融合在一起，发挥整体效应。

（2）搭建企业协作和高效敏捷经营的平台。IM（即时通信）、群组、日程、项目、任务、邮件、公告、公文、知识库、云总机、移动签到、网络或电话会议、直播等协同应用的覆盖广度和深度不断加强；通过业务建模工具可以轻松搭建微应用，满足企业个性化的协同办公需求，例如车辆管理、办公用品领用、用印管理等。

（3）垂直产业链的经营协作。企业经营不仅涉及企业自身，还涉及合作伙伴、供应商、客户等其他不同角色的参与。新时代的企业经营服务平台能够帮助企业将产业链上下游的人和事协同起来，共享信息与资源，高效协作，提升企业竞争力。

（4）社会化融合协作。数字化时代强化了商业环境的数字化，催生了社会化融合。企业不再是孤立地存在或者仅仅在垂直领域协作，而是更需要横向的融合与协作，需要站在社会化的角度协作。因此，新时代的企业经营服务平台的重要价值之一是建立社会化融合协作的生态平台，使得不同行业、不同领域中，不同的社会组织和不同的服务商可以在不同的企业空间内建立自身的垂直协作关系，也可以通过统一的社会化ID建立横向的融合关系。

8.2 协同办公进入社交协同时代

移动互联网技术发展迅猛，基于无线通信设备（包括笔记本电脑、平板电脑、手机等）实现了信息技术融合。同时，社交媒体在消费者市场的发展为企业沟通管理带来新的启示，让多平台的信息交互沟通成为可能，主流的协同办公产品出现了平台化特征。此时的协同不仅具备跨组织、跨区域、跨时间能力，而且具备了企业资源一体化管理能力，把企业原来分散的人力资源、资产、文档、产品、项目、客户全部统一到一个平台上。

近年来，移动互联网、大数据、云计算、区块链及人工智能等技术的兴起与应用推动着全社会飞速发展。伴随着这个浪潮，协同领域进入了一个新的时代。有的人把这个时代叫作智慧协同时代，但从某个角度上来讲，这个时代对协同影响最大的是互联网和云计算；而这个时代协同应用最显著的特点是全员应用、产业链协同，因此，我们认为，称之为社会化协同（也称"社交协同"）时代更为贴切。

新时代社会化协同以企业社交为出发点，重构了企业日常沟通社交的各种场景，在实现企业内部应用高度互联和外部信息充分交互的同时，加入了安全层面和事后追溯等层面的内容，如聊天水印、聊天记录长久保存、文档统一管理等，在保证便捷性的同时，还为企业信息提供了安全性保障。

传统的协同应用有一个共同的特点，就是在产品设计和管理理念上都是面向企业内部的，解决的是企业内部流程电子化的问题以及沟通管理、知识管理方面的问题。而社会化协同的特点在于，它颠覆了传统协同方式仅仅面向内部信息的局限性，在统一工作入口的基础上，充分借鉴个人社交充分连接的特性，连接企业内外部信息和资源，从产业链角度实现涵盖客户、合作伙伴、供应商、企业内部外部人员的垂直协同与协作，从生态高度实现涵盖社会化用工、社会化协作和生态融合（如图8-1所示）。

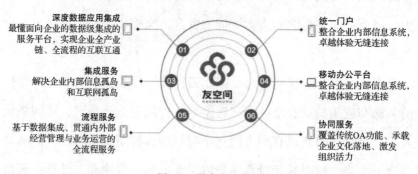

图 8-1 数字化工作平台

8.3 智慧协同重新定义数字化工作平台

过去,人们一直认为工作需要在同一个场所开展,工作场所就是每天实现员工高效工作的固定地点。移动化、云、虚拟化以及网络技术的深入应用与集中管理,使工作发生颠覆性改变成为可能。同时,由于消费互联网极大地释放和强化了用户体验,各类业务都在过程与服务交付方面不断寻求着更高水平的敏捷性,自然需要自己的员工达到一定的灵活性,因此数字化工作平台成为各行各业越来越强大的竞争优势。

在虚拟工作模式下,所有的数据、通信以及工作所需要的资源,都可通过简单地点击来获取。因此,新时代的工作被重新定义为围绕共同的目标、在任何地点、以相对灵活的方式解决各类问题。这就是智慧协同的核心思想。

1. 智慧协同的数据信息是以"人"为中心的

数据信息以"人"为中心,即当用户登录系统,一方面在点击查看某个人的信息时,当前与之相关的日程、流程、历史档案等均会自动调出;另一方面,当某用户在发起相应的审批流程(例如报销流程)时,系统会给审批人自动调出当前审批发起人的一段周期内的操作历史。

2. 智慧协同能够扩展出符合企业特征的业务应用

协同系统作为当下流行的企业管理应用,带给企业最直观的价值就是降本增效。所谓降本,就是降低企业运营的成本,这些成本一般是隐性成本或者间接成本;而效率的提升却是显而易见的。

江苏某综合型集团1982年创业起步,经过30年的专注与创新,已经从单一的中央空调制造企业发展成为集机械制造、化工新材料、酒店服务于一体的大型综合性企业集团。2016年，该集团实施了用友云协同服务，实现了集团统一移动门户的建设，通过混合云部署方式集成了ERP、OA（办公自动化）、CRM等系统移动应用，全面实现企业业务办公移动化。用友云协同服务的实施帮助该集团在2017年节约办公耗材成本49万余元，流程审批效率是以前的3倍。

在实际企业管理中，还会出现一些新的协同管理需求。这些需求在市场中可能无法找到合适的业务应用，即便有，也往往需要企业付出高昂的代价。而对于企业本身来讲，实现的需求不达到一定体量的话，又不值得支付高额成本。例如，在很多企业，尤其是集团型企业内，ERP、HR、CEM（客户体验管理）等各类系统都是很专业的系统，但各自独立，形成一个个信息孤岛，且直接用户一般不会覆盖全员，因此CIO们往往会希望在协同平台中实现企业所有业务系统的统一集成、登录。例如：福建某企业集团利用用友云协同服务构建了车辆管理应用。该集团于2017年使用了用友云协同服务，最初上线了协同服务的标准功能，包括门户、审批、微邮、日程、考勤签到等，并在使用一段时间后提出需要车辆管理应用。用友公司在调研了用户需求后，通过用友云协同服务的业务建模平台，构建了"车辆管理"应用，满足了用户的需求。

3. 智慧协同与ERP等其他异构系统连通

企业数字化建设是一个循序渐进的过程，也是一个从无到有、从少到多的过程。在这个过程中，企业在最初如果没有庞大的资金支撑做信息化咨询和整体信息化规划的话，信息化建设的历程必然以解决业务问题、财务问题等为开端。

企业信息化的初始阶段主要是建立财务核算，后来逐步建立综合管理、项目管理、ERP等系统。然而，当企业系统越建越多之后，我们会发现一个问题，那就是我们原本期望通过系统的建设提高工作效率，却由于系统太多，反而导致工作效率有所降低。例如，公司新招聘了一个员工，相应的负责人就需要在这个员工所处岗位涉及的各个系统中都为他增加一个账户，设置相应的权限。而当这个员工使用系统时，他也需要记住每个系统的账号密码，工作中可能需要不停地在各个系统之间切换。

那么，如果将各个系统都统一集成起来会是什么效果呢？HR人员只需要把这个新员工的档案录入HR系统中一次，该员工的信息就会自动被其他系统同步更新。当该员工正式工作时，所有的数据只需要在系统中维护或更新一次，就可以被其他系统调用或者关联，这才是令人向往的工作状态，很轻松、自在。

所以，系统集成一直是协同系统建设过程中不可避免的需求。这类需求发展到现在不是一次简单的单点登录能够解决的，而是往往会要求两个系统之间有流程的交互、数据的交互、消息的交互等。智慧协同成为必然选择。

8.4 数字化时代的智慧协同

数字化时代的协同将全面升级到智慧协同。无论是统一智能的企业门户，还是所有以数据为载体的信息的高度无缝互联互通，以及人企、人人的无间沟通，业务驱动的流程自动化，服务与协作的智能化等，均成为数字时代工作平台的核心要素。

智能门户。企业经营管理需要各种领域的应用系统支撑，无论是普通员工、中层管理者还是高层管理者，均需要在不同的应用系统中履行相应的职责以推动企业经营目标的达成。因此，统一流程、统一审批、统一消息并提供智能化助手的智能门户必然是智慧协同的首要构成要素。智能门户不仅可以展示协同系统自身的各类信息，还可以集成企业各个系统的数据、报表、流程，真正实现统一工作桌面的目标；同时按照用户对各个模块的访问频率、热度自动调整顺序，确保企业经营管理者能够第一时间简便快捷地获取信息、处理业务。

无缝数据连接。企业经营需要全面的数据连接以做出正确决策，数字化工作平台需要确保企业内部、企业外部信息无缝连接，同时又要确保人与人之间、人与企业之间的数据连接是畅通的。在企业经营服务活动中，深度的数据级互联互通是核心诉求，无论是ERP、财务、人力资源等资源管理，还是营销、渠道、客户服务等业务管理，以及生产、供应链等经营管理，均需要在同一个平台上高度、无缝连接，为企业经营服务提供数据支撑。

无间沟通。企业经营管理的根本资源是人才，人才的能动性和生产力决定了企业经营的效率和效果。要想充分发挥员工的潜力，企业需要能够激发创造性思维的系统和环境。研究表明，联系紧密的员工能够带来更好的生产力，对于企业雇主、合作伙伴和客户均是如此。因此，新时代数字化工作平台需要搭建一个高度参与、卓越体验、深度交流的环境，以保证员工之间、员工与管理者之间、员工与合作伙伴、员工与客户等的无间沟通。鉴于个人社交的高效，企业经常同样需要随时随地、简洁高效的沟通。基于包括即时通信、公告、群组、智能助手等新的信息技术搭建的智慧协同在无间沟通方面做了很多有益的实践探索。

智能业务流程。卓越企业经营的重要特征是流程透明化。业务流程是企业经营管理的重要工具，基于智慧协同的理念，利用数字技术的业务流程也将更加先进。智能流程不仅可以根据流程的失效条件判断处理情况，甚至可以和智能穿戴设备集成，通过智能穿戴设备在合适的时间提醒用户处理。

灵动知识管理。在传统的协同办公系统中，都会有文档管理或知识管理等相关模块来充当企业知识文档管理的角色。虽然这种设置对企业知识的沉淀、管理起到了一定的作用，但对于企业来讲，文库如同一个存放资料的柜子，如果员工不主动到柜子里找资料，那么这些资料就没有对员工产生价值。

智慧协同将知识库升级为富有活力的知识管理，将主动信息推送、被动知识学习和及时同步动态有机结合在一起，既满足业务驱动的知识检索，又支持主动的系统知识学习。该系统既能够根据用户的需要进行文档分类，为每个文档配备自身的标签，又可根据每个用户的不同需求，自动推送或建议用户学习相关方面的文档。

落地文化。基业长青的企业组织都需要文化的支持与传承，落地文化确保组织激活是数字时代企业经营管理的重要课题。文化是需要持续传播和落地执行，进而内化于心外化于行的。智慧协同能够通过建立荣誉墙、即时激励（点赞、积分等）、话题、兴趣小组、年会等形式，形成企业内部的个人展示、团队协作，进而将企业倡导的文化鲜活地传播到每一个独立的个体；通过实际的案例展示，将文化融入每一个个体的血液中，进而形成组织所期望的文化氛围，保持组织的持续活力。

智能服务。在未来，智慧协同所能为企业提供的服务将涉及方方面面。在我们进入公司大门之前，智能服务便已开始。未来的智能考勤将完全融合AI技术，当员工步入公司大门时，智能感知机器人即可快速捕捉该员工的图像信息并在数据库中进行比对。这一操作完全是毫秒级的，员工并无感知。当系统搜索出该员工信息后，就会与该员工打招呼。当领导进入办公室时，智能感知系统会跟领导进行交互，提醒领导今日日程安排，今日的待办事项等；同时，领导也可以通过机器人安排工作。而这一切，都只需要通过语音与其交互即可。

智慧协作。智慧协同的终极目的是实现智慧协作，通过即时通信IM、群组、日程、日志、任务、微邮等实现无间的信息交互；通过公告、知识库、公文、移动签到、直播、视频会议等实现以数据联动为基础的高效业务协作和敏捷经营；通过构建不同的企业空间，建立客户服务门户、项目管理平台、事件跟踪平台等，实现垂直产业链上下游的经营协作；通过跨企业空间的社会化和生态协作，例如数字营销、云采购、人才招募、人才服务等生态级的融合，实现社会化协作。

8.5 数字化智慧协同转型实施路径

1. 建立以人为中心的高度互联的数字化工作环境

组织管理的核心是对"人、财、物、事"进行管理。除了"人"之外,"财、物、事"也是围绕人存在的,也是人在驱动的。因此我们认为,数字化智慧协同转型的第一步,就是要建立以人为中心的高度互联的数字化工作场所。

数字化工作场所,就是企业要利用新技术和现代移动通信工具,打造一个具备社交协同、智慧工作的特征,能够提高透明度、提高协同效率、提升员工敬业度、提升团队生产力的线上工作环境。

数字化工作场所,通过统一的数字入口(PC端/移动端)为各角色打造一站式服务门户,突破组织边界,建立团队网络,随时沟通、跟踪项目/任务进展;通过网络会议、视频直播、工作群组,把原来难以组织的线下会议直接转成可随时发起的网络会议,线上沟通群组,提高沟通效率,并且使形成的结论和成果可以及时共享传播;通过荣耀积分、权益兑换,把贴在墙上的文化,以游戏化、有趣的方式,深植员工内心,打造企业文化DNA。数字化工作场所重新定义团队的工作方式,实现团队之间的智慧高效协同。

2. 搭建深度集成数据、高度互联的数字化办公平台

利用数字化办公平台,可以帮助企业内部之间实现更加高效、紧密的协作关系。截至现在,国内很多企业的管理手段还停留在传统阶段或信息化建设初级阶段,行政、财务、人力资源、生产运营等彼此割裂,协作效率低下。企业在这种状态下,面对市场环境和内外部竞争时必然会底气不足。

3. 建立面向垂直上下游、业务和流程驱动的产业链经营协作

理想的数字化智慧协同办公平台不仅考虑内部协作，也考虑企业面向垂直上下游、业务和流程驱动的产业链经营协作（如图8-2所示）。

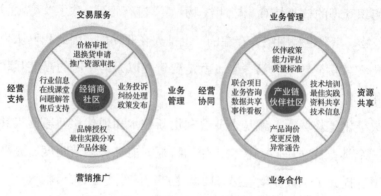

图8-2　业务驱动的经销商服务及产业链伙伴协作

产业链协作的方式有多种，一种是企业自建生态链，即企业依靠自身资源自行寻找上下游生态伙伴，彼此建立联系与协作，从而产生生态效应与规模化效益。这种方式的好处是一旦联系建立，彼此之间的关系便比较稳固；但弊端也是因为关系稳固，竞争对手少，可能导致效率低下等问题。另一种是加入政府牵头组建的工业云平台中，这尤其适合制造型企业。在工业云平台上，企业可以快速、高效、准确地找到适合自己的上游厂商、下游伙伴，并能够随时发起彼此之间的协作沟通；同时，工业云平台还提供了政企合作的渠道，企业可以在第一时间了解当地的政策变化等信息。

4. 构建数字化协同生态，构建跨企业空间、面向社会和生态的融合级协作

数字化协同办公平台不仅仅帮助企业管理内外部、上下游之间的

第 8 章
社交协同，智慧工作

协作，它的终极目标一定是服务社会，建立协同生态，服务社会大众（如图 8-3 所示）。

一方面，数字化协同体系中将会构建经销商社区，帮助经销商从交易服务、业务管理、营销推广、经营支持等层面进行推广、提升、包装；另一方面，通过产业链与伙伴社区的建立，帮助企业提升生态链协作效率、降低进货成本，实现业务管理、经营协同、资源共享和业务合作。

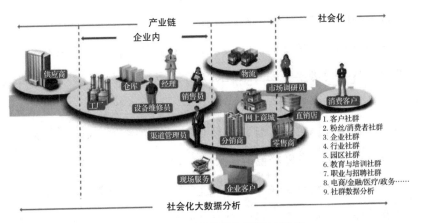

图 8-3 数据驱动的数字化智慧协同生态

实现数字化智慧协同生态的首要条件是要有足够多的智能生态产品，否则单纯依靠软件是难以实现的。因此，构建数字化协同生态是首要条件。例如，利用 AR 技术，我们可以实现无感知的考勤与会议签到；利用社交 VR，我们可以实现更好的交互体验。当然，我们还需要利用动态分析系统来进行图表、流程效率的分析等。

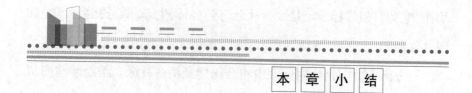

本章小结

数字化协同办公平台的愿景是，提升人的效率，让数字化办公唾手可得；无论何种设备，无论何时何地，都能获得安全、体验一致的数字化办公环境，实现企业统一入口、网络安全可靠、用户随时在线、个人敏捷办公、团队高效协同的目标。

在办公数字化建设中，IT部门往往就事论事，基本上采取"用技术解决问题"的思路，没有系统规划，没有业务视角，没有用户体验感知，没有长远考量。由于办公平台是企业用户量最大、使用频率最高的数字化平台，用户体验的好坏会严重影响企业"人效"的改善，并直接影响企业数字化转型的成果。

企业数字化迫切需要一个统一的"门户"，将各IT系统进行横向的有效连接，把员工的工作和办公连接起来，解决普遍的工作协同问题。与此同时，员工有了统一的用户入口和一致的在线工作平台，可以大大改善用户体验，降低系统的学习成本，化繁为简，从而允许员工轻松工作，拥抱数字化。

从企业随时在线，到企业智能办公，数字化的演进对企业来说既是挑战又是机遇。云计算也好，AI技术也好，关键是要让企业协同办公平台将员工从繁复凌乱和不增值的活动中释放出来，更加放心、自如地把精力聚焦在客户价值创造和产品创新之中，为企业带来更大的数字化价值，这才是智能办公平台能够赋予企业的最核心的使命。

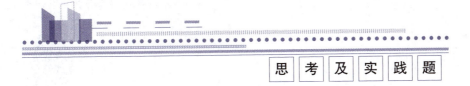

1. 数字化时代组织协同的目标是什么？
2. 数字化时代智慧协同的核心要素是什么？
3. 数字化智慧协同转型实施路径是什么？
4. 数字化协同办公平台的愿景是什么？

第 9 章

数智驱动
——美的数字化转型之路

学习目标

通过本章的学习,读者将能够:

- 了解美的"632 数字化转型"战略。
- 熟悉美的数字化转型的 3 个阶段:美的数字化 1.0、2.0 和 3.0。
- 理解数字化转型给美的带来的价值。

9.1 导读

美的是一家容易让人误读的公司。你可能认为美的是家电企业，但在美的集团内部，以家电为主要业务的智能家居板块只是其五大事业群之一。除了智能家居之外，美的集团还有机电、暖通与楼宇、机器人与自动化、数字化创新业务四大板块。你也可能认为美的是传统的制造型企业，但如果你去美的工厂转转，就肯定会对美的智能工厂的数字化程度感到震撼。

如今，美的已经是一家数字化、智能化驱动的科技集团，拥有数字驱动的全价值链及柔性化智能制造能力。

2012年，美的集团的核心发展战略从追求增长规模转为追求提高质量。美的当时提出了"产品领先、效率驱动、全球经营"三大策略，并启动了"632数字化转型"战略（6大运营系统、3大管理平台、2大门户和集成技术平台），开启了美的数字化转型之路，至今已进入第5个阶段。每个阶段的转型目标都是解决一个具体的问题，每个阶段遇到的挑战也各有不同。现在，美的正在走向工业互联网和数智驱动。为了方便理解，本书把美的数字化转型的5个阶段合并为3个阶段，分别称为数字化转型1.0、2.0和3.0。

9.2 美的数字化1.0：信息系统一致性

2012年对美的来说是压力很大的一年。从外部环境来看，由于消

第 9 章
数智驱动——美的数字化转型之路

费者对家电的要求越来越高,整个家电行业都需要转型升级,美的面临很大的同行竞争压力。同时,天猫、京东等电子商务平台的快速发展,也给美的这样以自建渠道为主的企业带来了很大的渠道压力。

当时美的内部有 10 个事业部,彼此相对独立,每个事业部有自己的系统、数据和流程,光是 ERP 系统就有 6 种不同的选型,事业部之间数据也没有打通。那时,美的集团准备整体上市,仅在做财务报表的环节就遇到了很大挑战。为了集团整体上市,也为了打破事业部之间相互孤立和分散的困境,美的决定整合所有事业部的信息系统。

美的公司董事长兼总裁方洪波定下了"一个美的、一个体系、一个标准"的变革目标,而这背后意味着使用统一的一个流程、一组数据、一套系统。美的内部把这次变革称为"632 项目"。所谓"632",就是 6 个运营系统、3 个管理平台、2 个技术平台。也就是说,所有事业部都必须采用同样的运营系统、管理平台和技术平台,以确保一致性。但是,"632 项目"不只是更换 IT 系统,而且是一次企业变革,要实现三方面的一致性。第一是流程的一致性:整个集团采用一套流程,每个事业部都一样。第二是数据的一致性:美的的客户、供应商、物料等所有数据在集团层面是一致的。第三是系统的一致性:变革之前"632"系统都散落在各个事业部,变革之后所有系统都属于集团。伴随着"632 项目"的实施,美的集团的组织架构也在迭代升级,各个业务部门根据需求不断地重组、拆分、融合。例如,原来美的集团的 IT 职能是分散的,有三层组织架构:第一层是集团 IT,第二层是产业集团 IT,第三层是事业部 IT。实施完"632 项目"后,所有 IT 职能都融合到集团层面,形成以产品经理制为核心的 IT 组织架构。从

2012年到2015年，美的用了近3年时间，把整个"632"系统落实在各个事业部。之后，无论是数字化建设还是项目建设，都在这个基础上进行各种数字化能力的提升。可以说，"632项目"为美的集团的数字化转型打下了坚实的基础。

9.3 美的数字化2.0：数据驱动的C2M

到了2015年，在统一信息系统的基础上，美的尝试了一段时间的"+互联网"，利用新兴的互联网技术和大数据，实现"632"系统的全面移动化以及智能制造的改造。然后，集团决定在内部全面推行C2M，从传统的"以产定销"转型为"以销定产"，让消费者数据驱动企业的经营生产。

在美的内部，这种以客户为导向的产销模式被称为"T+3"模式，即把产品从下单到交付分为4个阶段——下单、备料、生产和发运。每个阶段都需要一定的周期，T0就是下单周期，T1是备料周期，T2是生产周期，T3是发运周期。

以前，美的谈的是总体交付周期，但每个阶段花了多少天，存在什么问题，其实都是含糊不清的。通过对整个周期进行拆解，可以清楚地知道每个阶段花了多长时间，然后在每个阶段做针对性分析和改进，利用全产业链优势优化制造流程，升级制造设备和工艺，产供销联动进一步压缩供货时间，将每个周期由7天压缩至3天甚至更短，总体交付周期压缩到12天以内。"T+3"模式要求所有订单来自一线，有了订单以后，工厂才组织备料、生产、发运等。这就要求全价值链打通，管理要精细化，产品要精简、标准化、通用化、采用柔性制造，交付流程也要优化，确保缩短交货周期，降低库存成本。

2015 年，美的在洗衣机事业部试点"T+3"模式，获得了初步成效。2016 年，"T+3"模式在整个集团全面推广。该模式极大地减少了库存，例如，美的洗衣机的仓库面积在巅峰时期有 120 万 m^2，后来逐渐缩减至 10 万 m^2，基本上 3 天就能完成物流周转。

9.4 美的数字化 3.0：工业互联网

2018 年初，在美的空调广州南沙智慧工厂，美的开始了工业互联网的尝试。公司通过智能网关技术，把 41 类 189 台设备连接起来，具备了工业互联网的硬件能力。除了硬件之外，美的还在数字化转型中积累了软件能力，再加上在制造业近 50 年的运行经验，就形成了一个"硬件、软件、制造业"三位一体的工业互联网平台。通过引入工业互联网体系，美的空调广州南沙智慧工厂的劳动生产效率提高 28%，单位成本降低 14%，订单交付周期缩短 56%，原材料和半成品库存减少 80%，自主开发的注塑平面库自动配送系统让物流周转率提升 2~4 倍，每月产能从 30 万套增长到 90 万套。美的也因此成为工信部第一批工业互联网试点单位。

2018 年 10 月，美的发布了 M.IoT 美的工业互联网 1.0，并通过旗下的美云智数公司对外输出"制造业知识、软件、硬件"三位一体的制造业数字化转型解决方案。2020年11月,美的又发布了美的工业互联网2.0。通过这次升级,美的工业互联网的能力层更加清晰、更加丰富,形成了"四横八纵"的赋能制造业升级转型格局。

9.5 美的5G工厂,绝不只是噱头

在美的数字化3.0阶段,另一个重头戏就是美的对5G技术的广泛应用。2019年,美的联合华为和中国电信,打造了国内首批5G工厂。所有5G工厂由华为提供5G设备,中国电信做5G运营商,美的负责应用落地。据美的集团首席架构师王文华介绍,美的已经在7个厂区试点了"5G+智慧工厂网络"。相比于4G,5G主要有三大优势:流量快,时滞短,容量宽。在手机上,5G的这些优势带给用户的体验差异并不明显,但在工厂带来的变化则是革命性的。美的经过反复摸索,发现了20多个5G应用场景,最后落地了11个场景。

在5G技术出台之前,工厂都会有三个网络,分别是生产网络、办公网络和安全网络。这三个网络相互独立,是因为生产网络对网速的稳定性和安全性要求很高,如果和办公网络合在一起,很容易受到黑客攻击,导致停工停产,而且办公网络下载大容量文件也会影响生产网络的稳定性。5G技术的应用则真正实现了"三网融合"。5G技术的另一个应用场景是减少布线。以前,生产线之间的控制系统都用有线网络连接,因为WiFi满足不了传输速度要求,有线网络更为可靠。但是,这样一来,每次做工艺改造、生产线调整,都需要重新布

线。尤其是美的实行 C2M 之后，订单越来越碎片化，原来的大规模生产要改造成小批量订单模式，基本上每半年就要做一次工艺改造，就得重新布线，不仅成本高，用时也长。5G 技术提供高速无线传输，完全可以取代有线网络。

云化 PLC（可编程逻辑控制器）的应用场景，可以说是一个行业性突破。以前，美的工厂布置了很多 PLC 控制器，一旦出了问题，就要去现场调试。现在，跟华为和中国电信合作后，美的把所有 PLC 控制器转移到了计算机房，方便进行现场维修。未来，美的计划把 PLC 的功能融合到云端，这样一来，甚至都不需要 PLC 控制器了。或许整个 PLC 行业会从此没落。

安防也是 5G 技术的一个应用场景。美的要求在厂区必须佩戴安全帽，必须沿着规定的路线走动。利用人工智能、5G 技术和人脸识别，就很容易纠正这些方面存在的问题。美的推崇低成本自动化。在美的看来，数字化转型的本质是降本增效——工厂的哪些环节可以用自动化来替代人员，同时成本投入较低，见效又快。

美的应用 5G 技术的重要标准是，不能为了技术而应用技术，一定要让技术对企业真正有价值。具体来说就是提升品质、提高效率和降低成本。

9.6 美的组织和领导力的进化和挑战

美的在数字化转型过程中使用了大量的数字化技术。但是，美的集团董事长兼总裁方洪波坦言，真正决定数字化转型成败的并不是技术，而是人的思维意识的改变，以及组织方面的变革。

在数字化转型的大背景下，美的要求组织、文化和人才管理更具有弹性，构建一个适应变革的高效和敏捷的组织，打造用户导向和价值驱动的文化氛围，建立一套数字化核心人才的引入和培养机制。"通俗地讲，转型本质上就是转人。团队结构不转，思维不转，知识结构不转，能力不转，转型就是空谈。我们所有高管都是在工业时代成长起来的，思维都是硬件思维；美的今天的转型是'由硬到软'的过程，需要大量软件思维。因此，现有的团队，包括我，都需要改造自己的思维认知，"方洪波坦言道。

数字化转型要落地，也需要大量数字化人才。所谓数字化人才，不仅要懂各种数字化技术，还要对业务有深刻的理解，同时对未来的业务模式、方法有敏锐的洞察力。然而，这样的跨界数字化人才很稀缺。各大企业都在"抢人"，美的也不例外。但是，光靠抢是不够的，企业需要建立培养数字化人才的能力和体制机制。为了吸引数字化人才，美的在2020年8月发布新战略时，成立了数字化创新业务，和智能家居、机电、暖通与楼宇、机器人与自动化等事业单元并列。数字化创新业务的组织架构更加扁平化和去中心化，广泛授权并鼓励创新。美的也在上海打造了全球创新园区，并计划在深圳、上海、北京和武汉建立软件基地。美的还成立了高端招聘中心，专项引入高端人才。美的也构建了有竞争力的薪资福利体系，包括职业发展、股权激励等，做好人才赋能和员工关怀。通过打造产业优势和提供创新环境，美的鼓励全员参与数字化变革实践，做好人才的快速融入和保留。

到目前，美的已经打通了涵盖智慧营销、智能制造、智能物流、智慧服务、智能研发功能的数字化系统。通过这个系统,从经销商下单到消费者拿到产品的时间可以控制在12天之内。通过数字化转型建立起"统一流程、统一数据、统一IT系统",美的从一家家电企业升级为科技创新企业,整个集团变身为"一个美的、一个体系、一个标准"的企业管理支持平台,为实现"产品领先、效率驱动、全球经营"的战略提供决策支持。

数字化转型给美的带来的价值包括:①全价值链数智协作,全面提升效率;②用户至上,全链路用户体验提升;③柔性制造能力下的快速支付,应对行业碎片化订单需求;④美的数字化结合库卡机器人,工厂全面提升自动化水平,已具备无人工厂能力;⑤打造智能物流能力和新零售能力——盘货、"最后一公里"和美云销平台;⑥数字化能力通过智慧方案给用户带来更美的生活,包括智慧生活、智慧楼宇、智慧社区、智慧城市;⑦数字化能力为所有员工和合作伙伴提供数字化赋能,提升效率和满意度;⑧核心技术、人工智能和数据驱动等优秀的自研能力,为客户提供更好的体验,以稳定的能力应对不确定的未来。

2020年,美的确定了新的数字化转型战略——全面数字化、全面智能化。在内部,通过数字化技术提升企业效率,实现全价值链卓越运营。在外部,通过数字化工具紧紧抓住用户,直达用户。公司的所有业务活动都以数据为核心,全价值链上的合作伙伴、供应商、销售伙伴都用数字化作为支撑,用数据驱动业务运营。如今,美的的订单预测、自动补货、生产排产、物流路径规划、全国仓储布局等,都已依靠算法和数据实现智能化运营。美的的数字化转型已历经9年,前后投入120多亿元,但方洪波认为,这条路还没到终点。他的目标是通过数字化转型彻底改变美的的商业模式。

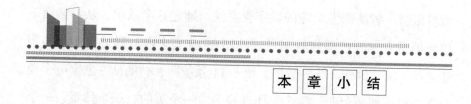

本章小结

美的的数字化转型正是着眼于提升效率并且取得了良好的效果。从 2011 年到 2017 年，美的用六年的时间基本完成了从规模为先向质量效率为先的转型。转型的成果集中体现在经营业绩上。2017 年，美的的营业收入、净利润分别达到 2419 亿元和 186 亿元人民币。

转型升级给美的带来了"量增利涨"的丰收局面，但美的并没有就此止步。2017 年起，美的集团又开始了新的战略转型历程，意图成为一家集消费电器、暖通空调、机器人与自动化系统、智能供应链（物流）为一体的全球化科技集团。美的集团新的转型基于这样的逻辑和思路：首先，基于制造产业的根基，借助互联网、智能化等工具，让美的从家电制造行业进入位于产业链上游的机器人、自动化等领域，并通过并购、合作等手段掌握上游核心资源；其次，将内部供应链进行智能改造，打造成为开放兼容的智慧供应链，联合美的上下游的供应商、经销商等相关实体共同满足最终用户的需求，更好地打通企业与市场、用户的连接，拉近距离。

如何改变自身的生产经营模式以应对变化的经济环境，成为每一家制造型企业面临的重大课题。制造业转型有多种模式。有向产业链下游延伸做终端品牌的；有向产业链上游拓展控制资源的；有攻关产品核心技术提升科技含量的；也有彻底转换行业跑道的，每条转型道路上都不乏成功者。

在企业朝智能化发展的大趋势下,本书要强调的是,企业不能操之过急。目前的智能化还处于初级阶段,这体现在以下两方面:一方面,数据采集的深度和广度还不够,产业数据、区域数据的连通还有缺陷,大数据还需要较长时间的积累和沉淀,数据的噪声多,数据质量普遍不高;另一方面,智能硬件、物联网、5G等技术的商用有待进一步发展和普及,应用于机器学习、数据挖掘的算法和人工智能技术还不够成熟。在大多数行业中,真正发挥人工智能创新性价值的应用模式也非常少或者不成熟,大部分智能化产品的智能化程度还有很大的提升空间。

当前的智能驱动数字化转型应聚焦于可获得性的智能应用和渐进式推动智能化转型工程:一方面通过全面开展业务数据的服务化,进一步打造以企业数据湖和数据中台建设为主线的数据业务化和数据服务能力,实现业务智能化运营;另一方面,基于业务场景,利用人工智能技术,实现场景自动化、无人化和智能化的数字化业务,支撑企业业务面向未来,向敏捷军团作战模式挺进。

要实现数字化投入与数字化转型成效之间的基本平衡,企业必须将数字化转型融入业务的日常运营和企业的管理,与业务深度融合集成,坚持以业务结果为唯一的评判标准。

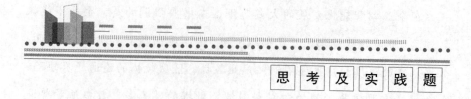

思考及实践题

1. 请简述美的"632数字化转型"战略。
2. 数字化转型给美的带来什么价值?
3. 通过观察行业内三家代表企业——美的、格力、海尔近几年的转型实践,分析它们在转型思路以及具体路径上的差别。
4. 如何实现数字化投入与数字化转型成效之间的基本平衡?

第 10 章
IT 行业数字化转型最佳实践

学习目标

通过本章的学习,读者将能够:

- 了解 IT 企业为什么需要数字化转型、IT 企业数字化转型的核心挑战。
- 熟悉 IT 企业数字化转型的五个方向、IT 企业数字化转型的三个方法。
- 理解华为企业数字化转型的最佳实践。

10.1 导读

信息化的核心是互联网，强调的是把信息连接起来。而数字化则要深入得多，数字化的核心是人工智能，它强调的是用数字来驱动整个世界的变革。往大了说，数字化是中国崛起、弯道超车的重大机遇。与此同时，它还是所有企业提升效率的必由之路。华为公司1987年创立，从制作第一台交换机开始，到现在已经是全球领先的通信设施和智能终端提供商，有19.7万名员工，业务遍及170多个国家和地区，服务全球30多亿人口，还能持续创新、敏捷运营，连续多年保持销售收入两位数的增长率。这背后的原因之一，就是数字化转型。

10.2 IT企业为什么需要数字化转型

1. 提升用户体验

数字化转型是一个运用数字技术和新能源对企业业务持续优化的过程，是一次系统工程。在这个过程中，数字化转型的企业能够收获的是体验提升、效率提升以及模式创新。在华为看来，体验提升是企业数字化转型的首要目标，也是第一个步骤。

体验，是当下商业演进的关键词。数字化时代更看重的是能不能积极响应不断变化的用户需求，给用户更好的体验。数字化能够帮助企业实现的，就是让客户跟企业做生意的过程变得更简单、更快捷、更安全、更愉悦。华为通过五个层级逐步实现体验提升。

第一个层级：全量全要素的连接。全量，就是数量上足够全，覆盖所有业务对象；全要素就是单个的业务对象的全部属性也是齐全的。华为提供的数字化方案，第一就是要"全"，建立城市的精细化分析模型，把数据采集的要素颗粒度切分得更细、更全；第二就是要"连接"，建设统一的数据集成平台，打破数据孤岛，让全市的数据变成一盘棋，让城市管理者在一个棋盘上做治理工作。例如，深圳市的智慧交通解决方案不只包含道路数据、电子监控数据，还必须采集到每一个路口、每一盏红绿灯的数据，并将它们和其他数据打通连接在一起。这样的话，高峰期拥堵发生的时候，交管部门就能随时根据车流状况操控某一个路口的交通灯。这样就实现了"灯看车"，交通灯可以实现按车的数量放行。哪个方向车多，那个方向的绿灯时间就长一些，从而大幅缩短了等待时间。

第二个层级：实时。让数据开始"说话"，能看到，能感知到。只有海量的数据连接在一起还远远不够，还得让它们"说话"，让它们能够随时被调取，甚至不用调取就主动呈现，成为能够被用户看到、感知到的数据。以华为的物流场景为例，过去客户没法了解实时的物流状态，只能通过电话、邮件一次次询问，客户的体验当然不好。现在华为通过推进业务过程数字化，实现供应链对各类物流状态的实时感知和可视。库存、物料和订单都能做到账实一致：实物数量和现金、往来账目都能对得上，不出错，而且还能随时可查。每一个客户都能看到物流实时的状态，对自己的订单情况了如指掌。

数据要跨越组织边界，并全部实现打通、连接，纳入到同一个数字化系统中。这是利用数字化手段提升体验的基石，是接下来要做的所有事情的必备条件。

2. 响应客户需求

数字化转型首先能够为企业带去的就是体验的提升，但是在面对用户和企业产品、服务于几乎无限多的接触点时，如何响应客户需求是需要考虑的。

第三个层级：随需。随需，意味着动态调整，动态地将客户的需求和生产要素进行匹配。工业时代给今天世界的样子打下了坚实的基础，但同时也带来了一个必然的结果，那就是产能过剩。而这个"病"就要靠数字化这剂"药"来治。"随需"就是利用工业时代沉淀下来的规模化的生产能力，去快速地响应用户多变的需求。

第四个层级：自助。在数字化时代，用户可以利用数字化手段搭建的平台，提供的工具，自助满足需求，由此获得更好的体验。例如，华为开发了一个自助分析平台，让不同组织、不同场景、不同区域的业务人员在需要数据支持的时候，都能通过一个一站式的入口获得。只有数据当然是不够的，还有1万多份报告的模板，供业务人员随时调用。在数据和报告之间，华为还增加了一层卡片服务。每一个卡片服务都是单独的分析模型，解决一个特定的问题，拼起来就是一份报告。如果你想做一份个性化的数据报告，不必去找专门的IT人员，而是可以自己直接打开这个自助平台，用鼠标把已经做好的卡片拖动过来，组合在一起，就能生成想要的报告。从"随需"到"自助"，不只是更方便了，实际上还是一次权责的再分配。随需还是以供给侧为主体：你有什么需要我来做。而自助变成了以用户为主体，需要什么就能自己做什么。

第五个层级：社交化。这里的社交，指的不是用户群互动，而是更广义的社交，是对随需、自助的再升级。例如，华为视频验收平台可以根据站点设置检查项目的电子文档，利用 AI 智能影像技术，自动调出相关的质量标准信息。客户不仅能看到现场画面，还能在画面上看到一些关键的数据参数。如果验收没问题，还能直接在线签署验收意见。验收过程中遇到问题，也能解决。

这就是数字化转型带来的体验提升。客户在与企业、产品互动接触的过程中，从获取更充分的信息，到信息的可视、可感知，再到需求的快速响应和不断强化，掌控感不断增强。

3. 效率提升

数字化转型为企业带来的效率提升，绝不只是相对优势，而是绝对优势。数字化带来的效率提升，可以让效率真正成为企业竞争力的核心，将决定企业在整个市场环境中的生态位。企业大到一定规模之后，彼此之间真正的差别就是效率上的差别。无论是供应链还是原材料，企业只要有钱，就都能用得起。真正的差距在哪儿？就是把所有价值链上的环节以高效率的方式匹配在一起。工业时代：企业利润 =（销售价格 – 成本）× 数量。数字时代：企业利润 =（销售价格 – 成本）× 数量 × 流转次数。企业能调动、采集、打通更多数据，就能为企业这个机器添加更多能源，就能以更高的效率持续成长。

4. 模式创新

数字化转型推动的企业组织模式创新，是从职能到平台。借助数字化的力量，华为形成了"精兵 + 平台"的组织模式。平台是以共享和能力为导向的，将华为公司的各项能力拆解成一个个能力块，沉淀在平台上，共享给所有员工和业务。精兵是以责任结果为导向的，其任务是在面对环境的不确定性的同时，达成业务目标。数字化程度足够高的企业就像变形金刚，可以变成不同形态应对不同的风险，解决不同的问题。之所以能变，就是因为它的能力在平台上形成了各种能力块，可以进行各种灵活的排列组合。"皮肤"是交易模式，"血肉"是运作模式，"骨骼"是组织模式，再加上治理模式这个"魂"，企业的模式创新才足够完整。

10.3　IT 企业数字化转型的核心挑战

1. 数据采集：怎样做好全量全要素连接和实时反馈

进化成一个"智能体"，是每一家企业数字化转型的终极目标。通往这个目标的所有事情的基础，就是全量全要素的连接和实时反馈。要从一个产品的设计态、制造态、运行态三个维度出发，才能完成全量全要素的采集和连接。把全量全要素的数据都采集和连接好了之后，要看这些数据是不是能够还原业务对象的全貌，是不是真的拥有了一个数字孪生"兄弟"。确保系统实时反馈，要看是否具备了 7 项职能：预测、预警、监控、协同、调度、决策和指挥。

2. 数据保护：怎样在安全和效率之间找到平衡

企业在转型数字化的过程中，怎样才能解决安全和效率这对矛盾呢？华为的经验是，要解决这个问题，企业必须建立起三层认知。

第一层认知：在数字化转型时代，企业要把安全的活儿干细。华为内部有个安全作战地图,总结为"五不两可"。"五不"是指攻不进、看不见、看不懂、拿不走、毁不掉;"两可"指的是可追溯和可恢复。从"五不两可"入手去抓网络安全和数据资产保护。

第二层认知:在数字化转型时代,企业安全必须要靠系统化作战保证。一个企业如果只确保核心资产的安全是远远不够的,必须要形成一个系统,把与客户、合作伙伴、供应商等对接的账号等最容易被忽略的周边元素全部纳入进来,实行系统化防范。

第三层认知:在数字化转型时代,安全问题没有终点。企业在数字化转型中追求的网络安全和数据保护并不是一个绝对安全的概念,而是一个相对安全的概念,安全问题是攻防双方展开的一场永恒博弈。你只要比别人快半步,就可以为自己争取很多的时间,然后利用这段时间把未知的风险转为已知的风险,再去寻找抵御风险和提升防御能力的方法。

3. 业务决策:怎样才能让数字化真正指导行动

在华为看来,数字化并不是一连就成、一连就智能的,而是要把着力点放在指导业务运营和决策上,也就是这些连进来的数据要怎么用。

第一,数字化不是信息化,而是直接指导行动。关于信息化,以城市交通管理中心为例,它总是装有一块覆盖了整个墙面的屏幕,这块屏幕监控了城市里的各个十字路口,由坐在总控室的警察来负责控制红绿灯,这是最早的信息化。如果从数字化的角度出发,我们思考的问题就变成:能不能开发这么一个系统,使它不仅服务于交管中心的道路调控,而且直接应用到现实的导航场景中,例如指导开车的人或者骑车的人,走哪条路更快,哪条路会更方便。在数字化时代,应用软件的开发帮助我们往直接指导行动的方向挺进了一步。

第二，数字化系统不只是决策者能用，产业链上的所有人也都能用。以城市交通管理中心为例，最早的信息化大屏只是为少数决策者服务的，也就是交管中心警察的决策工具。数字化转型后，华为开发出了新的地图导航系统，这个应用系统可以让每一个使用城市道路的人使用，无论是出租车司机还是上班的普通市民，每个人都可以利用地图 App 进行导航。对企业来讲也一样，数字化系统并不只是让一家公司的 CEO 用，或者只让一个生产车间的负责人来用，或者是让一些专业人士来用的，企业内部生产线上的每一个人，上下游供应链上的每一个人甚至是顾客，都可以利用这个系统给自己的业务提供决策参考。

第三，数字化不只是在应用层"卷入"越来越多的人，还要把越来越多的设备也"卷"进来。这就是我们常说的万物互联。数字化是一个软硬件设备不断被卷入的过程。在智慧交通的场景里，数字化先是卷入了基础的道路交通系统，然后再变成手机上的应用，再往前一层就要卷入汽车和硬件厂家，数字化也在这个过程中得到深化。放在企业的业务里，这个逻辑同样适用。数字化的应用系统一定要把智能化、自动化的装备和工具纳入进来，因为应用系统往往是通过装备和工具来体现的。

10.4　IT企业数字化转型的五个方向

1. 转意识

转意识就是企业一把手必须意识到自己"船长"的这个身份。数字化转型要求企业一把手得亲自干。在数字化转型过程中，有三张图只在一把手这个"船长"的脑袋里,别人无法替代。

第一张是用户价值图。为用户解决问题,为用户带去价值,是数字时代企业的立命之本。数字化转型不能丢给 IT 部门自己干,这不是因为 IT 团队能力不行,而是因为对企业来说,IT 只是一种纵向的能力。要解决具体的业务问题,为用户创造价值,还需要让横向的业务能力也参与进来。有了这张图,才能跳出部门单一的维度,不被技术、业务等具体问题束缚,而是综合各个方面来看问题,才能真的为用户解决问题。

第二张是业务演进图。企业必须有超越业务主管的角色,该角色不只关注业务的现状,还能对业务的演进心中有数。例如,一把手亲自参与企业的数字化转型,不是简单做一个网站,把线下搬到线上,而是从企业运作模式上进行通盘考虑,利用数字化带来的能力,去发掘企业新的竞争力,重构新的业务流程。这是一家企业能够生存,能够转型,能够持续创新的关键所在。

第三张是架构生长图。架构可以理解成企业的基因。一家企业的基因是从它创始之初就写在底层代码里的。想要不断成长,持续发展,就需要确定性。基因的作用就在这里,它能够为企业在风云变幻的外部环境下,提供确定性,专注于成长。架构生长图是一张描绘未来业务愿景的蓝图。怎样才能成为更好的自己,长大以后应该是什么样,这件事别人无法定义,只有"船长"心里才有。作为"船长",需要用这一张清晰的蓝图,给企业的数字化转型框定当下的坐标和未来前进的方向。

用户价值图要求一把手对外理解用户;业务演进图要求一把手对内理解业务方向;架构生长图要求一把手理解这家企业未来要变成什

么样。这三件事情是没有人可以代劳的。

2. 转组织

1927年，中国共产党完成了举世闻名的"三湾改编"，其中有一项著名的党组织结构调整，叫"把支部建在连队上"。在华为看来，业务IT一体化运作的组织模式是当前数字化转型过程中最好的一种组织方式。业务IT一体化，就是把技术能力建在业务上，由业务主管担任负责人，业务人员和技术人员一起成立数字化的团队。技术人员不再组成单独的一个部门，而是成为具体业务部门的一部分，形成一种长期固定的组织形式。

业务与IT一起协同围绕着"业务主导、IT使能"这个核心，首先第一个作用就是纠偏。任何关于组织的原则，制定了不等于就能实施好，实施了不等于就不偏航。华为这一套把技术能力建在业务上的组织方法，让那些工作原则没有成为空话、套话，而是真的在实践中运用起来了，起到了纠偏的作用。第二个作用是预判。以前，技术人员需要和业务人员开会，业务人员用两小时向技术人员说明究竟有什么需求，在解决客户的什么问题，为什么很重要。会开完了，这位技术人员可能也是似懂非懂。为什么？因为距离前端客户太远了。现在呢？他每天就和业务人员坐在一起，看业务人员是怎么工作的，看业务人员是怎么使用自己做出来的产品的。他对业务需求的感知不仅会同步，还会超前，因为他是从技术的思路出发解决问题的，可能业务人员还没意识到这个环节可以靠技术来优化，这位技术人员就已经想到了。这种组织模式下，能力不是封闭固化的，而是在不断成长的。这就是第三个作用。例如，华为的财经原来有一个财报系统，随着系统做得越来越完善，就不再需要那么多技术人员了。与此同时，华为需要做一个交易处理的数字化平台。财经的业务主管就决定，把原来财报系统的技术人员调配到新的业务上。当这些数字化平台都搭建好后，财务数据分析的需求越来越多，财经业务部门不用等待公司总体调配、增加数据分析人员，自己就可以开始建设这部分能力。这就是业务IT一体化组织模式发挥的三个重要作用：纠偏、预判和成长。

企业要做数字化转型，必须破除工具思维，把重点放在"人"身上。用组织模式去承载人的能力，把它变成企业的核心能力要素，真正为企业的数字化转型提供核心能力的支持。

3. 转方法

数字化转型不是针对业务的，更不是针对职能、部门的。数字化是按照针对业务对象、业务过程和业务规则的顺序逐级展开的。按照这三个层次映射：对象的数字化需要数据工程师，过程的数字化需要代码工程师，规则的数字化需要算法工程师。华为未来会围绕着这三个方向来开展业务数字化。我们来看一个比较复杂的例子。一家汽车厂怎么做数字化呢？先来确定业务对象。汽车厂把车卖给客户，然后在客户使用这辆车的全生命周期内为他提供服务。那我们确定的对象，就应该是"客户使用这辆车的全流程体验"。我们要记录的是客户使用这辆车的整个生命周期的信息，例如客户给车买了什么保险，什么时候出了什么事故，是去哪里维修的，是不是开着这辆车参加过什么车友会，之后又换了什么车。把这些信息都记录下来之后，就能得到一些规则。有了这些规则，就能做到在恰当的时间，用恰当的方式服务客户。网络上的企业，如果能管理自己的周边网络，就能极大地提升自己在网络中的重要性,获得超出其他同类企业的竞争力。

企业的数字化转型最难的就是把业务对象定义出来。确定了业务对象后,企业当前的部分业务流程和业务规则也会随之重新定义。业务对象不能是一个一成不变的物体,而应该是个活生生的、不断成长的活物。

4. 转文化

数字化转型中的转文化,转的就是这种各自为战、不开放共享的文化。文化要转型,评价体系也必须改变。要想让员工愿意共享,一把手就要把奖励分到那些愿意共享的人头上。有了共享的文化,把人的经验沉淀到了平台上,每个人都能从平台上拿到自己想要的,精兵还能把能力反哺到平台上。在华为,这就叫"大平台支撑精兵作战"。

共享是一件挺违反人类天性的事情,但"胡萝卜加大棒"的策略,有效保证了华为维持开放共享的文化氛围。这就好像是,维护一台机器时,我们不是要把转速低的齿轮换成转速高的,而是把机器换到一个干燥的环境里,让它不容易生锈、保持更长时间的持续运转。文化就像是空气,需要持续不断地维护。转文化一定是一个长期工程。

5. 转模式

企业的一把手要转变工作模式,把原来独立运作的系统和数据整合起来,让数据发挥价值。数字化转型要求的工作模式转变,具体来说就是要做到三个通:数据通、平台通和未来通。数据通,指旧系统不需要推倒重来,只需打通数据,稳定运行;平台通,指建立同源共享的数据平台,确保新旧系统之间的数据语言一致;未来通,指基于数据,用最新的技术和管理模式重构业务流程,重塑用户体验。

IT 和业务模式的建设有周期性,建成之日可能就是落后之时。能够"站在后天看明天"是数字化转型向企业一把手提出的一个高要求,也是数字化时代给领军者的一份厚礼。

10.5 IT 企业数字化转型的三种方法

1. 瞄准用户

数字化转型的第一仪表盘是"以用户为中心"。以用户为中心,要抓住两个关键词:"用户"和"体验"。这里的"用户",必须是时间价值更高的用户。以时间价值最高的用户体验为中心,就可以最大力度地释放企业一线作战部队的时间压力。企业做数字化,要聚焦在用户的体验上,并通过人和机制的组合,确保数字化项目真正围绕全局体验不断展开。在华为看来,以用户为中心,要给用户好的体验,只做到了简洁流畅远远不够,还需要帮助用户成功,也就是使能用户。如何让项目围绕全局体验展开,华为摸索了一套方法,就是"组织保障+制度设计"。组织保障,就是企业需要有一个独立的机构,它能够始终站在全局视角,确保数字化项目是符合全局体验的。制度设计,就是对需求的裁决要有一套评估方法,比如场景够不够全、业务覆盖够不够广、数据测算逻辑有没有道理等。

2. 对准业务

数字化转型过程中,"对准业务作战"这个仪表盘特别重要,我们要一直盯着它,确保数字化没有偏离业务目标,才能让数字化转型保持良性的发展。

数字化要对准业务，其实是要对准业务的场景。在企业内部，业务场景主要指的是企业经营的方方面面，例如制造企业的生产线、仓储管理、客户服务、员工的工位等，都属于业务场景。对准业务场景首先要强调的是，企业开展各项工作的时候，会遇到什么样的问题，要怎样采取行动，以及这样做能带来什么价值。其次，各种业务场景难以决策时，要抓主要矛盾的主要方面。最后，落实过程中，要组建好作战部队，规划好项目资金，还要注意引入第三方，在机制上做好保障。数字化转型必须要有专业技术人员，这一点我们都知道。但从华为的经验来看，这个作战部队不能只有技术人员，还有两类人也要参与进来：业务人员和运营人员。让业务人员参与，不是为了让他们管理项目，而是因为他们往往是设计业务的人，不仅知道现阶段业务怎么做，还知道下阶段业务该往哪儿走。这对于数字化项目来说不可或缺。让运营人员参与，这很好理解。他们是未来用这个数字化产品的人，他们参与整个过程，才能保证产品最终能被用在实处。有了人，还得有钱。华为摸索出一套使用资金的方案：每个业务部门承担自己的数字化项目的成本。这样业务部门就会仔细权衡：我的团队有没有数字化的场景，要不要做这个项目，怎么做才能把钱花在刀刃上。

3. 打造平台

作为一家非数字原生企业，在打造数字平台时，华为的经验是必须从"列式变革"的思路出发，才能真正沉淀企业的能力，成为一个富有生命力的数字平台。非数字原生企业在打造数字平台时开展"列式变革"，需要基于企业整体，先处理好通用能力和特殊能力之间的关系。要为"列"的增加确立好标准，在增加"列"的同时，也对每一个"列"的核心能力不断进行强化训练，最终使其成长为企业的核心能力块，能够被随时调用，排列组合，支撑业务高效运转。一个对企业来说有生命力的数字平台，应该是一个服务市场，它是动态的，是为业务提供服务的。一个具有生命力的数字平台能够基于业务场景给业务提供服务。例如，华为的数字化平台提供的可不只是一个一个的功能，而是一整套的解决方案。从仓库的有线、无线网络的架设，到设备监控、智能刷脸闸机，都被考虑在内。更不用说货物标签打印、根据订单自动备货、货动人不动的作业方式等。

10.6 华为数字化转型的最佳实践

1. 财经智能运营中心

在华为的财务办公室里，有一些财经大屏，这些财经大屏有不同的功能，例如财务结账用的叫结账大屏，上面显示着各个业务条线登记入账流程的一个个节点，每个流程进展到哪一步了，会以不同的颜色标记，进度一清二楚；而管控财务风险的叫风控大屏，业务的进行过程中出现了风险点，风控大屏就会弹出风险提示。财经大屏起到的似乎是集成展示的作用，先集成后台数据，再把流程展示出来。其实，它是所有财经人员发现问题、讨论问题，以及解决问题的作战中心，是一个极具生命力的业务平台。

在数字化转型之前，华为"发现问题"是滞后的，"讨论问题"

是不及时的，这就导致"解决问题"的效率很低。数字化转型后，"发现问题"可管控，"讨论问题"能及时，大大提高了整个财经运作的效率。那整体的效率能达到什么程度呢？华为公司有 200 多家子公司，业务条线分布在全球 170 多个国家和地区。财务对每个子公司、每个业务条线，还有对公司内部的管理等，都会分别出具一份报告，算起来大概能有一万份。现在业界比较优秀的公司能在 1 到 2 周内把报告做出来，而华为能做到 3 天有初稿。

在华为数字化转型的过程中，有三条经验值得分享：第一条经验是本书推荐最先借鉴的，就是做业务梳理。只要业务管得好，数字化想达成的目标很可能都不是问题。第二条是平台搭建起来后，运营维护的过程中的经验。本书建议如果做数字化转型，那么所使用的数字化平台最好就是作业平台。例如，华为一开始只做了集团层面的结账数字化，后来便慢慢扩展到了集团的下层单位，逐级包含了华为的 200 多家子公司。这样一来，大家都不用重复建设、自己做平台了。他们只在华为的这一个平台上操作，各层级想要怎么看、怎么管，想要的个性化配置都在这里实现。这才是一个能持续维持生命力的平台。最后一条经验是管理者要意识到，数字化转型之后，对财务人员的能力要求会发生变化。

只要业务梳理得好，那么无论通过什么 IT 手段，数字化转型都能做得不错。如果做数字化转型，那么所使用的数字化平台最好就是作业平台，它会吸引更多的人来使用，成为一个有持续生命力的平台。

2. 数据治理

数据治理，就是用统一的数据管理规则，确保数据质量，让企业的数据清洁、完整、一致。华为和大多数非数字原生企业一样，数据方面的历史包袱很重。华为从 2007 年开始启动清洁数据，到今天也只能说是"刚刚及格"。不过，华为公司很确定，数据治理是企业数字化转型的"牛鼻子"，必须得牵好这根绳。即便只是及格，华为的数据治理也看到了显著效果。华为建立起了数据管理体系，实现了对业务数据的自动采集，也打破了相对独立的数据库，制定了数据的标准，给企业带来了"数据湖"的全新体验。华为的智能数据平台也已经在各个业务中发挥不可替代的作用。

数据治理不是 IT 问题，而是业务问题。华为在面对数据治理难题时有两个经验。第一个经验：每一个数据，必须由对应的业务部门承担管理责任，而且必须有唯一的数据负责人（owner）。负责人最基本的职责，就是要确保关键数据被识别、分类、定义以及标准化，确保数据的定义在公司范围内是唯一的。数据负责人对华为的数据治理来说至关重要。这是华为在数据治理上最为宝贵的一条经验，是数据治理体系能够发挥作用的基石。华为的做法是为每一个业务部门都配备一个数据管理部，这十几个数据管理部的责任就是帮助每个部门的业务主管从专业的视角，按规范去定义数据。华为的第二个重要经验就是必须建立起一套企业级的数据综合治理体系。首先，华为公司有数据管理的总纲，由总裁任正非签发，明确了华为数据治理的最基本原则。其次，还有三大政策，包括信息架构管理政策、数据质量管理政策和数据源管理政策。更重要的是，这个体系在向每一个人传递一个明确的信号：数据工作对华为来说很重要，数据治理我们是认真的。除了这些原则政策，华为还成立了一个公司级的数据管理部，代表公司制定数据管理的政策、流程、方法和支撑系统。同时，华为的数据还有一套完整的IT系统，所有的数据资产都要在上面登记注册。数据是一种新的生产要素，是企业的重要资产，应该像实物资产一样，有成体系的管理办法，才能为数据治理高效运行提供保障。

数据不分类、埋头苦干、没想好就干，都是数据治理中的陷阱，避开它们才能做好数据治理工作。华为数据治理的未来，是在数据确权的基础上，构建起企业的数据生态，让数据真正发挥出作为生产要素的强大作用，成为华为真正意义上的战略资源。

3. 全球研发协同

对研发来说，工具就是效率。我们都知道"利用"工具来提高效率，但其实只有"工具"本身的效率提升，才能真正地提高作业效率。华为研发团队的数字化转型，不是为了提升某个产品、某个项目的效率，而是要在公司内部形成全流程的效率飞轮。效率飞轮建立之后，知识和能力的积累形成正向循环，研发的效率才能整体提高。在华为，研发是产品全生命周期、全流程当中，最终兜底的那个环节，华为称之为"端到端"，强调对最终结果负责。一旦对最终结果负责，研发要关注的因素就必须覆盖产品的全生命周期、全流程。例如在供应链环节，关注器件的原材料能不能持续供应；在制造环节，关注这个器件的成本高不高；在售后，客户使用的环节，关注器件的质量和性能是不是稳定。所有这些因素，研发都要关注，而这些因素都会用数字化的方式载入知识库。在研发的数字化转型中，要做到数据同源，产生即发布。意思是，只要数据不涉密，在它产生的时候，就直接发布给相关的环节和相关的人了。

数字化提高了整个研发网络的效率，但提高效率，并不是数字化转型的终点。华为在提高效率的同时，也提升了研发人员的作业体验。过去很多人都把研发人员当成机器，当成工具，而华为现在想做的是把这个态度转变过来。华为关注的重点在"人"身上，人，才是最宝贵的资源。

4. 交付服务体系

在数字化转型之前，华为交付服务的过程安全没有保证，其实本质上是因为这个流程节点对华为来说是失控的。数字化转型是怎么提升一线作业人员的安全和体验的呢？华为提出行为即记录，记录即数据。华为可以对工人的动作进行成像采集，把他的每个动作结构化、数字化，放在平台上。平台可以实时地告诉我们这名工人在做什么，甚至是做得怎么样。只有这些交付能力在平台上，把现场作业的模式变成数字化作业的模式，才能真正为作业人员提供安全保障。

华为建成强大的平台，有两条经验可以分享。第一条是交付服务的数字化，不是把业务流程数字化，而是把人的经验数字化。方法就是把经验文本化，把项目经理的经验写下来，变成业务规则，然后让项目经理再梳理一遍任务规则；最终被搬到平台上的，是这些最出色的人认可的经验。回到最根本的问题上，关注"人"，关注业务能力最强者的经验，依然是华为搭建这个平台最重要的基础。第二条经验，是关于交付服务数字化转型的推进。华为在进行交付服务转型的时候，经历的最大困难就是很多人不接受转型，因为转型打破了他们的工作习惯。而且，平台在刚开始推行的时候，强制要求大家使用，引起了很多人的抵触情绪。以华为的经验来看，数字化并不是我们以往认为的"是来颠覆业务的",而是为了更好地做业务,才采用的方法。

5. 智能工厂

企业都希望通过智能工厂,以更低的成本,更高效、更灵活地生产产品。2014年到2020年,华为工厂的生产效率平均每年提升超过了30%,在7年时间内提高了6倍。在工业时代,我们反复强调的是"精益生产",大家都在努力拧出毛巾上的最后一滴水,以此提升效率,持续优化,创造价值。到了数字时代,让"精益生产"插上"智能制造"的翅膀,是华为一直在探索和努力的方向。在向智能工厂转型的过程中,有三条提醒。

第一条提醒是,要先搭好数据底座。对智能工厂来说,怎么做到"全"呢?可以抓住5个要素:人、机、料、法、环,也就是说,工厂里生产产品的人、机器、物料、工艺流程和环境,都要能被计算机识别。有了这个底座,万物就有了共同的语言,人、机、料、法、环之间就可以通过物联网、互联网进行沟通。这个数据底座,设计、研发和制造环节会用,采购、供应链和安装服务环节也要用,还要延伸到供应商和客户。数据底座对于智能工厂来说至关重要,它能够跨越组织边界,尽可能地实现全量全要素的连接和实时反馈。

第二条提醒是,在产品设计环节,在把工厂内外的所有要素变成数据的时候,要优先实现设计与制造的数字化融合,在设计环节构建制造要素的数字化。华为在全球建设各种无线通信的基站,设计人员可以先构建一个数字化的虚拟基站模型,然后戴着VR眼镜和感应手套进行不同场景下的虚拟安装,判断现在设计的这个版本的参数是不是最优方案。如果不是,设计人员就可以先迭代几遍,再把最优的设计方案交给工程安装部门,能节约很多时间成本和测试成本。第三条提醒是,从组织层面来看,如果想转型成智能工厂,就必须搭建平台能力,形成平台支撑下的精兵作战的组织体系。转型为智能工厂之后,工厂对员工的隐性知识的要求会越来越高。隐性知识是那些无法通过简单的讲述来传授,必须在长期实践中才能体悟到的知识。智能制造不是搞一台打印机,我们在一边编好程序,等着打印就可以了,而是需要员工具备越来越高的know how(懂得如何做)的能力,掌握工艺背后的底层算法和逻辑。

6. 华为的企业办公系统Welink

华为的数字化办公真正实现了全球"一张网"。只要是华为员工,只要在手机上安装了Welink,走进华为在全球的任何一家分公司、代表处的办公室,就能自动、安全地接入公司内部无线网络。除网络以外,员工还能连接办公区域里的会议室、投影仪、数字白板、打印机等IT设备,顺利开始异地办公。数字化转型要以用户为中心。好的工具,围绕着用户体验,最基本的要求就是要简单。例如,语音助手报销,无感接入无线网络,就是简单。此外,好的工具应该是带有温度的,Welink会在员工生日、入职纪念日自动发送祝福,这就是温度。Welink不仅把知识连接起来,而且通过推荐引擎把合适的知识推荐给合适的人,实现了从"人找知识"到"知识找人"的跨越。

从用户自发使用,到各种设备、业务接入,会产生更多的知识。这个立体的数据空间开始无限成长,真正实现全量全要素的连接和实时反馈;而这个过程,也让Welink从一个普通的办公系统,成长为企业重要的连接器。Welink之所以成为华为数字化转型的最佳实践，是因为它不是一个简单的办公系统，而是一个连接人、事、物和他们的行动过程、活动规则的连接器。它可以实现用户数量的自然增长，连接更多的业务和设备，释放员工的生产力，从而给企业带来价值。

7. 全球供应链

华为供应链数字化真正要解决的挑战，是所有做供应链的人都在面对的，就是怎么才能实现精准的供需平衡。供需平衡就是供给和需求能对得齐，同时还能保持数量的平衡。

华为公司的供应链，不是"从供应商到华为到客户"这样的单链，而是一张巨大的网链。华为公司的直接供应商有数千家；供应商的上游还有供应商，这是二级供应商；再往上，还有三级、四级供应商。所有的这些供应商加在一起有上万家。要保证供应链的畅通，华为必须监测这张网上所有关键节点的状态。

供应链和需求端形成一张交织的网，变量又复杂多样，要匹配这两者的平衡，华为是怎么做的呢？首先要把所有数据全量全要素地搬到线上，像照镜子一样，在数字世界里做出一个物理世界的孪生世界。但这只是基础。然后，需要一套能实现双向模拟，通过不断的仿真、模拟的算法，最终得到一个相对最优解。这个解就是我们平时说的"及时、准确、优质、低成本"的供需平衡的解。

把线下的东西完完全全搬到线上，这是数字化，就像给业务拍了张照片。在这个基础上做算法建模，把算法应用到不同的场景里，让业务变得智能，这是数智化，就像给照片做美颜，增白、调整脸型，让照片达到你最满意的样子。业务数智化之后，可以再造业务模式、业务流程，这是数治化，就像根据照片的样子做美容手术。数字化是基础，数智化是抓手，最后的数治化才是核心。这个从数字化到数智化，再到数治化的闭环，就是数字化转型的逻辑。

华为在做供应链数字化转型的过程里有三条提醒。第一条提醒是，在转型前先理解自己的业务场景和痛点。数字化不能自动解决业务问题，而能够你在明确了问题后，帮助企业找到解决方案。这是很多企业在做数字化转型的过程中经常会碰到的问题。答案和解决办法可能早就出现了，拿来就能用，但很多人并不知道自己要解决的问题到底是什么。就好像有一堆的钥匙，但不知道该去开哪一把锁。所以，做数字化转型，一定要先理解业务场景，确定问题到底是什么。第二条提醒是，要通过解决别人的问题，来解决自己的问题。在转型的过程中，如果我们遇到自己解决不了的问题，就要思考怎么通过解决别人的问题，来解决自己的问题。例如，华为在做一个基站产品的供应周期优化时，发现流程上有个等待和迂回的地方。要简化流程，肯定是让产品不回车间，直接发货。设计人员就想，是不是可以让产品到了现场之后，在站点自动把该用的软件加载上。但这个想法在推行的时候碰到了困难，因为现场加载一个软件要15分钟，相当于工程师要多等15分钟，增加了工时。如果能让软件在站点进行加载，同时不增加工时就最好了。人们接下来发现安装基站的时候，基站本身就有一段激活时间，就好像手机开机有几十秒的启动时间一样。这个时间是必须要等的，如果基站加载软件的时间能和这个激活时间复用，工程师就不会增加工时，也就不会抵触设计人员的改进方案了。第三条提醒是，转型的过程中，要从客户体验和公司经营的视角来思考整个数字化转型，不要只从自己部门的利益考虑。传统的供应链是一个成本中心，要考核成本。华为数字化转型后的供应链管理，不是先看成本，而是先看转型能给公司赚多少钱。

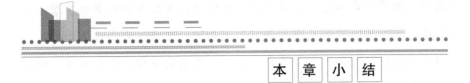

本章小结

数字化转型的本质是业务转型，是企业价值链的重塑，是基于数字化的管理体系变革。华为的实践表明：企业管理的目标，就是流程化的组织建设，就是通过变革把功能性组织转化为流程性组织，并利用数字化支持这个组织持续运作。数字化转型和管理变革最优先的任务有两个：流程重构（业务流程化）和业务在线（流程数字化），把企业"搬"到线上。这个"搬"，不是简单的复制，而是从业务需求出发，融合流程和IT的最佳实践，再造业务流程、优化组织、建设IT。这一过程也被归纳为"流程驱动数字化转型"。

在流程驱动的数字化转型阶段，不管是否做过信息化，我们都需要在主要的业务流程领域重新启动基于数字化的管理流程变革，因为端到端的流程化、标准化、数字化才是建立现代企业管理体系的基础。

数据驱动数字化转型阶段的任务是，以企业内外部全链条数据为主线，更广泛地打通业务流程，构筑全流程共享服务平台，消除数据孤岛，建立数据治理体系，确保数据在全流程中的高质量、安全、共享和有序流动，对数据资产进行有效的管理和价值挖掘，提升业务的数字经营能力，构筑企业的战略竞争优势。

从华为供应链体系变革实践中可以看出，从流程化到数字化再到智能化，是基于企业业务发展的需要，顺理成章、水到渠成的管理变革与数字化升级过程。打通内部供应链体系是数字化转型的基础，企业必须把这个基础打牢，夯实并不断扩展供应链体系的数据底座。在此基础上，企业首先朝着更简单、更及时、更准确的高效低成本主动型供应链目标前进，逐步推动建立基于共享的多中心供应网络、全球连通的一体化计划运作体系、智能化的制造体系等；其次，实现与研发、销售的跨流程数据信息打通，与产业链上下游企业主动协同；最后，在数据分析和人工智能的基础上建立起风险可管理的供应链智能运营中心和例行化的数字化运维管理模式。

华为集成供应链领域变革和转型，从内部集成到全球化，再到智能化，给我们的启示是：必须坚持渐进式变革的数字化实施路径；从流程化到数字化再到智能化，是基于企业业务发展的需要，顺理成章、水到渠成的管理变革与数字化转型过程。

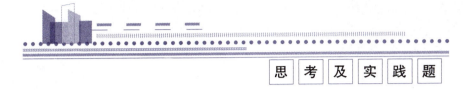

思考及实践题

1. IT 企业为什么需要数字化转型?
2. IT 企业数字化转型的五个方向是什么?
3. IT 企业数字化转型的三个方法是什么?
4. 华为数字化转型成功的经验是什么?

第 11 章

工业互联网服务小微企业数字化转型

学习目标

通过本章的学习,读者将能够:

- 了解小微企业使用工业互联网平台面临的挑战。
- 熟悉工业互联网平台服务小微企业转型的价值。
- 理解工业互联网平台服务小微企业数字化转型的应对策略。

11.1 概述

全球各大科技强国在 5G、大数据、人工智能等信息技术重点领域的竞争日益激烈，严峻的外围形势凸显了科技创新能力的重要性。制造业要想获得高质量的发展，企业数字化转型是必然途径，而工业互联网平台的构建是企业数字化转型的重要依托。小微企业不仅是支撑国民经济创新发展的重要主体，也是推动科技创新和制造业转型升级的关键力量。规模小、竞争力不强的小微企业，抗风险能力薄弱，普遍面临严峻的生存危机。工业互联网平台作为新一代信息技术与制造业深度融合的产物，对于促进小微企业实现降本增效和推进数字化转型升级有重要作用。如何增加小微企业应用平台的广度、深度和效度，成为推动工业互联网平台创新发展的关键。

11.2 工业互联网平台服务小微企业转型的价值

1. 平台助力小微企业实现数字化转型升级

云化 SaaS（软件即服务）具有服务轻量化、松耦合、简单易用且信息运维成本较低的优点，更能满足小微企业数字化转型的需求。第一是办公自动化，阿里的钉钉和腾讯的企业微信解决了移动办公和远程会议的需求，使广大小微企业的流程审批、即时通信、考勤等办公核心业务以极低的成本运行；第二是财务管理，金蝶、用友等平台厂商为小微企业打造了精斗云、好会计等 SaaS 服务和产品，让财务、业务、税务等企业经营管理的环节相互联系贯通，提升企业财务和业务管理质量；第三是研发设计，安世亚太、中服云等面向小微企业提供 CAD、CAE（计算机辅助工程）等 SaaS 服务，使企业以较低费用获得研发软件设计能力，既降低了研发成本，又提升了研发创新能力。

2. 平台赋能小微企业实现社会资源优化配置

第一是金融资源。江苏天正通过 i-Matrix 工业互联网平台，实现全国 3 万台设备的互联互通，借助其自主研发的生产力征信模型系统对企业的生产运营状况进行实时监测，为小微企业融资信贷提供可靠数据依据，在一定程度上减少了小微企业融资受到的约束。第二是制造资源。针对小微企业设备闲置等问题，智能云科基于 iSESOL 平台，借助设备在线监控功能，推出了分时租赁、即时结算的装备租赁模式，实现了不同计费方式的自主选择，促进了资源的有效配置，降低了生产运行成本。

3. 平台加速小微企业新模式落地

第一是个性化定制。服装行业的小微企业基于阿里 supET 平台，实现了柔性化生产制造能力和个性化定制新模式。第二是网络化协同。加工制造类小微企业借助深圳云工工业科技推出的"云工厂"平台，实现了集在线快速下单、自动报价、极速交付等于一体的网络化协同制造模式落地。第三是智能制造。咸阳热力中心的煤粉锅炉等设备通过上海全应科技的能源平台进行智能化改造升级，实现了节能制造。

11.3 小微企业使用平台面临的挑战

1. 小微企业对平台应用普遍存在认识不足的困境

小微企业在平台的使用上,普遍存在主观上"不想用"的认知困境。一方面,由于平台应用复杂且技术门槛较高,处于两化融合(信息化和工业化融合)发展初级阶段的小微企业对于工业互联网的认识较浅,多停留在概念层面,"不了解""不知道"的现象普遍存在;另一方面,当前平台应用的成功案例多集中于大中型企业,可供小微企业参考和复制的案例较少,由于价值效益不确定、方法路径模糊,小微企业应用平台的主动性很低。此外,我国工业互联网应用数据安全体系尚未健全,对于网络和信息安全防范能力较低的小微企业来说,安全问题是其使用平台的一大阻碍。

2. 小微企业基础能力薄弱制约了平台价值效益的发挥

小微企业薄弱的基础能力阻碍了其应用平台实现转型发展的进程,存在"不能用"的困境原因在于以下几点。第一是资金不足。使用平台需要大量的资金投入,而小微企业发展程度较低,企业利润较低,且面临较大的融资约束,信息化投入的能力有限,企业应用平台缺乏基本的保障资金。第二是缺乏专业化人才。相关技术与管理人才是企业应用平台获得价值成效的基础,而小微企业普遍存在信息化建设不足,专业技术人才以及复合型人才短缺的问题,这些问题严重阻碍了小微企业上云的进程。第三是技术能力水平较低。我国小微企业数字化、网络化基础薄弱,缺乏必要的信息系统且难以实现设备互联互通,同时,大部分小微企业尚不具备数据处理等数字化能力,这些都制约了工业互联网价值效益的发挥。

3. 平台厂商服务小微企业的积极性较低

工业互联网平台厂商服务小微企业的积极性较低,"不愿给"的现象较为普遍,其原因有两点。一方面,资金、技术和人才实力雄厚的大中型企业,具有较高的两化融合水平和较强的数字化与网络化基础,能够有效应用平台提升自身效益,是平台厂商的主要客户。另一方面,数量众多、基础薄弱的小微企业对于轻量化、定制化解决方案具有较大的需求,但平台项目实施存在风险大、利润低和示范效果有限等一系列问题,这降低了平台厂商服务小微企业的积极性。

4. 平台厂商面向小微企业提供低成本、定制化解决方案的能力有待提升

工业互联网平台只有具备了高效连接设备、采集数据和集成各种系统应用的能力,才能有效发挥工业大数据分析和应用价值。然而,我国目前同时具备上述能力的平台较少,服务小微企业的能力也不足。一方面,小微企业涉及的行业、领域、专业众多,而平台厂商通常提供诸如 IaaS 和 SaaS 等基础类、通用化的服务,难以满足小微企业的专业化需求,且平台厂商提供的解决方案个性化、专业化能力不足,服务资费也相对较高。另一方面,平台安全技术与产业生态仍处于初级发展阶段,缺乏提供全方位、体系化的安全解决方案的能力。

11.4 应对策略

1. 提升小微企业应用平台的内生动力

针对小微企业"不想用"应用平台的现状,一方面,应加强对平

台促进社会资源优化配置、促进新模式应用落地及助力小微企业数字化转型的成功经验的宣传和推广。另一方面，应加快开展平台的公共服务能力建设，建立安全监管法规制度，提升平台的安全防护和技术能力，减少小微企业应用平台的后顾之忧。

2. 构建平台服务小微企业的保障体系

针对小微企业"不能用"应用平台的困境，解决方法之一是促成平台厂商与金融机构的战略合作，开展新型工业征信，降低小微企业的融资门槛，提升资本运用效率。之二是联合产学研用等各方力量，加强基础共性关键攻关，降低技术门槛，建立适合小微企业的应用体系；同时，培养信息技术与制造业融合的新型技能人才，为小微企业提供足够的专业化人才。之三是完善平台标准体系，加快相关标准研制、立项和推广。

3. 提升面向小微企业的 SaaS 服务市场供给能力

针对平台厂商"不愿给"的瓶颈，一方面，应引导不同领域的优秀平台加快 SaaS 服务体系研制，提供面向小微企业的，简单、易用、实惠的云化服务。另一方面，应推动设计软件、生产制造软件和生产经营类软件等传统工业软件产品和服务向 SaaS 转型，降低开发、部署及运维成本，缩短研制周期，提升平台厂商服务小微企业的能力和效益。

4. 培育若干具有行业、领域特色的专业化工业互联网平台

针对平台厂商"不能给"的问题，一方面，应引导大型工业互联网平台龙头企业和解决方案供应商，借助其平台建设技术、经验和资源等优势，建立适合于小微企业的专业化工业互联网子平台。另一方面，应引导不同行业、不同领域的龙头企业构建专业化的平台，提供解决方案，满足小微企业应用平台的复杂、个性化需求。

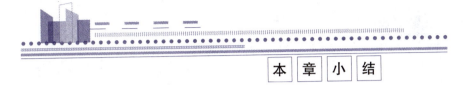

本章小结

工业互联网是新一代信息技术与制造业深度融合的产物,是制造业高质量转型发展的重要支撑。小微企业是推动制造业转型升级的主力军,提高小微企业应用工业互联网平台开展数字化转型升级的能力意义重大。当前,我国工业互联网平台服务小微企业转型已经取得初步成效,涌现了一批优秀的解决方案和平台厂商,但也依然面临需求端"不想用、不能用"和供给端"不愿给、不能给"的严峻挑战,工业互联网平台价值效益的发挥受到严重制约。建议分别从供给和需求两侧的具体挑战着手,"挖需求、赋能力",系统、精准地提升我国小微企业应用平台的整体能效。

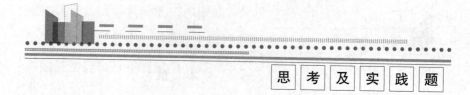

思考及实践题

1. 工业互联网平台服务小微企业转型的价值是什么?
2. 小微企业使用工业互联网平台面临哪些挑战?
3. 工业互联网平台服务小微企业数字化转型的应对策略有哪些?

第 12 章

数智乡村赋能数字乡村

学习目标

通过本章的学习,读者将能够:

- 了解数智乡村建设的背景和意义。
- 熟悉数智乡村建设主要存在的问题、数智乡村的关键技术。
- 理解数智乡村赋能乡村振兴的主要途径。

12.1 数智乡村建设的相关背景和意义

近年来,我国多个政策围绕"数字中国""乡村振兴""数字乡村"进行部署,其中都提到农业数字化。农业数字化不仅是"数字中国"的重要组成部分,也是实现农业农村现代化这一乡村振兴战略总目标的重要途径。众多政策与福利的出台强调了农业生产数字化的必要性,当下是中国实施农业生产数字化的大好时机。

乡村振兴是中央一号文件的国家战略要求,数字乡村的建设实际上是支撑我国乡村振兴的技术基础,而数字农业是数字乡村中重要的产业核心内容。只有通过数字农业对农村产业的振兴,才能真正完成数字乡村的建设,最终实现乡村振兴。

1. "数字乡村"的概念

"数字乡村"是伴随网络化、信息化和数字化在农业农村经济社会发展中的应用,以及农民现代信息技能的提高而内生的农业农村现代化发展和转型进程,既是乡村振兴的战略方向,也是建设数字中国的重要内容。

2. "数智乡村"的概念

"数智乡村"概念引用自"数字乡村",更加突出智能化。"数字乡村"强调数字技术在乡村振兴过程中的应用。"数智乡村"是指综合利用人工智能、大数据、区块链、云计算、物联网等数智技术,推动乡村产业数智化、乡村治理现代化、乡村生活智慧化,全面赋能农业生产、农村治理、农民生活等方面,全面推进乡村振兴,加快农业农村现代化建设。

数智乡村建设的主要内容是基于乡村新型基础设施建设,以数字化、网络化、智能化为重要载体,以数字化、智能化技术激活农业农村的各种要素,重构乡村现代经济发展形态,打造乡村治理新模式、推进乡村生活服务供给创新。

与城镇地区相比,农村地区有其自身特有的发展实际与规律,所以数智乡村并非智慧城市的翻版。

3. 数智乡村与数字乡村的区别与联系

表12-1从技术基础、基础设施、应用场景等方面对数智乡村与数字乡村进行了比较。

表12-1 数智乡村与数字乡村的区别与联系

	数字乡村	数智乡村
技术基础	主要是农业信息化、基础信息技术、互联网技术	人工智能、区块链、大数据、云计算、物联网、元宇宙
基础设施	数字信息基础设施	以乡村数智操作系统为纽带的乡村基础设施
应用场景	农业信息收集加工分析、乡村数字治理等	乡村产业数智化、乡村治理现代化、乡村生活智慧化等
建设内容	公共支撑平台、乡村数字经济、智慧绿色乡村、乡村网络文化、乡村数字治理、信息惠民服务	聚焦乡村"五个流动",以"五通"推动"五乡"行动
建设难度与投入水平	建设难度小,投入中等	建设难度中等,投入中等
物质载体	信息化、无纸化、网络化	数字化、网络化、智能化
群众参与程度	参与中等,部分参与	参与程度高,全时全域参与
发展水平	基础水平	高级水平

4. 数智乡村发展路线

1）探索萌芽期（2017.12 以前）

信息技术在乡村发展方面的浅层应用，数智技术呈现点状应用。

2）概念明确期（2018.1—2019.5）

提出农村信息化基础设施建设发展战略，网络扶贫广泛推进，数字技术与农村经济加快融合。

3）工作衔接期（2019.6—2020.11）

数字乡村建设各要素提出乡村振兴衔接扶贫攻坚，数智化创新驱动乡村全面振兴的先导作用初步显现。

4）融合深化期（2020.11—至今）

数字乡村建设任务进一步深化，内涵外延不断明确，数智乡村在实践中得到验证与应用。

12.2 数智乡村建设主要存在的问题

1. 推进路径尚不明确，系统框架有待完善

虽然目前农业农村数字化有总体规划，但数智乡村建设还处于自下而上的自主探索阶段，没有形成一个整体的、统一的，具有分类指导作用的数智乡村规划设计和制度框架。具体问题如下：

（1）整体架构模糊性导致数智乡村发展方向不明确、建设有重叠；具体发展边界和发展重点需进一步阐明，否则难以找到适宜的实施路径。

（2）顶层设计不够完善，导致数智乡村建设主体责任分工不清楚。

数智乡村建设多部门之间的联动协调机制不顺畅，基础数据资源难共享，缺乏系统性统筹。

（3）顶层设计不完善导致相应财政支持乏力，尚未形成统一归口，致使很多需要合力建设的项目、需长期投资的资金难以落实。

2. 资源要素尚不完善，整合平台有待优化

数智乡村建设资源要素支撑方面的不足具体如下：

（1）乡村产业自身带动能力不强。我国农业生产主体目前比较分散，乡村企业以中小微企业为主，在资金进入压力的缓解能力、产业链抗风险能力和产品营销能力上都不具有优势，缺乏作为数智乡村建设主体的相关资源，对数智乡村建设的内在动力比较有限。

（2）数智乡村外力扶持不足，缺乏多元化主体投入。除乡村企业外，数智乡村建设的主要外在力量就是政府在政策和财政方面有限的支持，还需要更多的多元化发展主体加入并发挥作用。

（3）缺乏统一数据接口标准，数据共享性差，资源整合支撑平台缺乏。众多乡村振兴所需资源管理混乱，数智化水平差距较大，信息孤岛和数据孤岛普遍存在，需要能统筹各方资源的整合平台。

3. 分配机制仍不完善，风险防控能力有待提高

数智乡村建设的主要参与群体力量不均衡，利益诉求有差异，如村民诉求是提高收入、生活富裕；企业的诉求是投入少、利益最大化；政府的诉求是乡村发展、经济稳定。这些因素导致数智乡村建设成果分配不平等，影响其健康可持续发展。

虽然利益分配机制有一定实践先例，如"企业+合作社（基地）+农户""租金保底+股份分红""保护收购价+利润返还或二次结算""政

企银""补改补"等多种分配方式,但上述模式都聚焦于利益分配环节,带来的问题如下:

(1)未能充分盘活现有资源,农业生产主体参与度不强,稳定性不足。

(2)企业或平台承担风险较大,负担太重。若市场不景气,则数智乡村建设可持续性差。

(3)当数智技术渗透到传统利益分配机制中,农业生产在数智化产销中处于被动地位,产业链、价值链上各企业之间的利益分配机制黑箱化,难以形成稳定的利益链。

4. 人才储备不充足,专业指导有待加强

数智技术应用和实践方向的专业人才缺口较大,具有数智化发展和创新精神的高素质人才尤为匮乏,乡村数智化人才支撑不足。具体表现如下:

(1)虽然各地政府出台了人才引进政策,但所引进地区多为城镇地区,数智化人才进村下乡数量少、驻留时间短,发挥不了应有作用。

(2)目前数智乡村的建设主体大部分是农村当地居民,数智素养较低,创新能力不足,掌握和熟练运用数智技术存在困难,数智乡村建设劳动力依然短缺。

(3)虽然举办了一些新型职业农民技能培训,但参与人数有限,大量村民难以获得专业化系统指导,数智化乡村发展可持续人才供应不足。

(4)数智乡村创新创业环境不足,造成数智化人才流失或浪费,需改善和加强创新创业环境。

12.3 数智乡村关键技术分析

1. 中国农业发展阶段

中国农业的发展需要经历四个阶段，中国农业大学李道亮教授将其定义为农业 1.0 到农业 4.0，如表 12-2 所示：①农业 1.0 指的是传统农业，此时使用简单的工具，生产效率较低，无法抵抗自然灾害，只是解决了农产品的短缺问题；②农业 2.0 指的是小型规模化农业，利用农业机械化工具，实现部分地区规模化发展，提升劳动生产率；③农业 3.0 指的是自动化农业，利用计算机、硬件设备等产品，提升专业化水平，实现资源的合理利用；④农业 4.0 指的是智慧化农业，利用多种设备获取相应的数据，实现数字化、智能化生产，将各个设备获取的数据打通，进行资源整合，实现无人化生产。

表 12-2 农业发展四阶段概述

	农业 1.0	农业 2.0	农业 3.0	农业 4.0
农业特征	传统农业	小型规模化农业	自动化农业	智慧化农业
区域	生产条件较差的西部地区，如四川、贵州、甘肃、青海等	主要位于中东部、西部平原粮食、蔬菜、棉花生产，如东北垦区、新疆生产建设兵团等地区	主要分布于沿海、东部和中西部经济发达地区，以示范应用为主	主要分布于现代农业园区的实验基地，以高校和科研院所的示范实验为主，还不具备规模化推广条件
劳动者	传统农民	传统农民	职业农民	计算机
劳动工具	简单工具	机械化工具	计算机	机器人

2. 数智技术概述

数智技术包括 3S 技术（遥感技术 RS、地理信息系统 GIS、全球定位系统 GPS 的统称）、云计算、区块链、人工智能、大数据、元宇宙、5G 通信、物联网、智能农机装备，如图 12-1 所示。

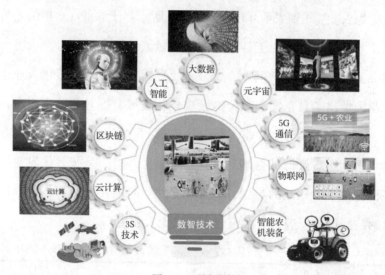

图 12-1　数智技术

资料来源：刘双印，智慧农业技术生态，2022 年中国计算机学会青年计算机科技论坛（广州）

云计算是数智乡村的基础设施架构；大数据是数智乡村管理的灵魂资产。区块链是数智乡村数据的可信保障：区块链具有去中心化存储、数据难篡改、点对点工作效率高、强信任背书、可信溯源的特点，可有效防止优质产品假冒，树立产品品牌，也为种质资源确权提供有力技术支撑。人工智能分析、挖掘是管理创新的手段；发现、预测、智能化管理是数字农业农村的最终目标；平台化数据处理能力是数字农业农村整合与跨界融合的基础；物联网、卫星遥感、北斗卫星导航系统是低成本、高效率数据采集的核心技术；通过天基网络、空基网络、陆基网络可实现天空地一体化的多维度智能感知，如图12-2所示。

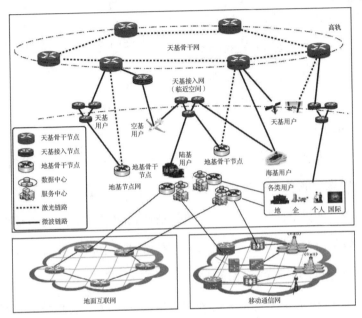

图12-2 天空地一体化的多维度智能感知

资料来源：吴巍，关于天地一体化信息网络发展建设的思考，电信科学，2017

我国农村是广阔的数智市场，5G高带宽、低时延等特性是农村数字化的基础，网络切片、边缘计算等5G新技术将协助智能化指导数字农业的生产。5G出现之前的组网模式基本离不开地面光纤＋无线基站的模式。未来的6G将真正实现天空地一体化网络（如图12-3所示），其优点为：因为卫星在空中，信号较难被遮挡，而且一颗卫星的覆盖范围肯定比地面站要大很多，所以可以把远至大海和沙漠的每一个终端都纳入6G网络中，从而具备未来全球覆盖的条件。

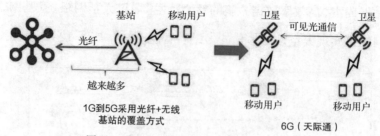

图12-3 未来的6G：真正实现天空地一体化网络

资料来源：刘双印，智慧农业技术生态，2022年中国计算机学会青年计算机科技论坛（广州）

3. 元宇宙

元宇宙是整合了多种新技术而产生的虚实相融的新型互联网应用和社会形态，它基于扩展现实技术提供沉浸式体验，使用数字孪生技术生成现实世界的镜像，通过区块链技术搭建经济体系，将虚拟世界与现实世界在经济系统、社交系统、身份系统上密切融合，并且允许每个用户进行内容生产和编辑。

农业体验是元宇宙+农业的突破口，它把真实农业场景，例如耕作场景、农田管理场景等采用VR/AR等多种新技术呈现出来，打造成一种新的农业体验。同时，将元宇宙等相关技术与定制农业、订单农业、休闲农业等模式相结合形成新的商业形态，从而实现对农业的彻底颠覆，见图12-4。

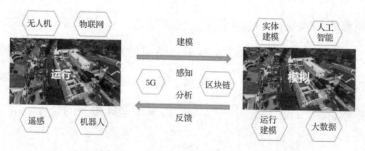

图12-4 构建实体世界的虚拟模型

资料来源：刘双印，智慧农业技术生态，2022年中国计算机学会青年计算机科技论坛（广州）

元宇宙主要通过3个步骤构建数智乡村的镜像化虚拟世界：第1步，数智乡村实体数据采集；第2步，区块链等技术实体建模；第3步，人工智能运行模式。

利用采集的实体数据，进行数字乡村实体建模，搭建孪生数智乡村模型底座。利用区块链技术安全可靠、不可篡改的特性，实现元宇宙乡村数据记录和传输安全，支撑数智乡村中交易、溯源、鉴证数据的映射唯一、安全、可靠，保障元宇宙的信息映射准确无误。在数智乡村实体和运行模型的基础上，利用人工智能和大数据，进行元宇宙乡村运行分析和智能辅助决策。

元宇宙+农业不仅可以提供农业体验，更要在农业生产、农业管理等环节上多点突破，借助元宇宙打通农业产业链，提升整个农业生产的生产效率和协调效率；同时，我们还要借助元宇宙把第二产业和第三产业融合进来，真正实现一、二、三产业及资源深度融合，这才是元宇宙+农业的未来。

12.4 数智乡村赋能乡村振兴的主要途径

数智化技术在农业农村领域的大规模应用推广，不断催生新业态、新平台、新模式，进一步优化了生产关系、解放和发展了生产力，不仅为地方推进乡村振兴提供了有力抓手，更为加快农业农村现代化提供了有效技术支撑。

通过加快乡村新型基础设施建设，推动乡村产业数智化、乡村治理现代化、乡村生活智慧化，激活并带动信息流、商流、物流、资金流、人才流等"五个流动"，全面改善乡村的生产生活环境，提升乡村治理科学化管理水平，助力乡村振兴可持续发展。

1. 新型基础设施普及化

随着人工智能、大数据、区块链、云计算、物联网等数智技术的下沉，乡村网络基础设施、信息服务设施及传统基础设施将逐步实现高效化、数字化、智能化。截至2022年9月，中国累计建成开通5G基站196.8万个。我国网民规模为10.51亿余人，其中农村网民规模为2.93亿，占网民总数的27.9%（来源：中商情报网）；农村地区互联网普及率为58.8%，如图12-5所示。

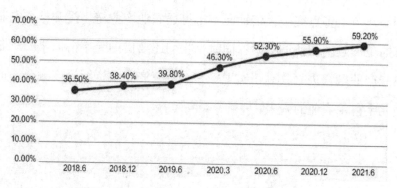

图12-5　2018—2021年农村网民规模变化趋势图

资料来源：中国互联网信息中心，2021年8月

信息基础设施是数字乡村建设的数字底座，建设内容包括网络基础设施、信息服务基础设施以及水利、气象、电力、交通、农业生产和物流等传统基础设施的数字化升级。乡村信息基础设施建设应注重共建共用，不断加强平台互通和数据共享。

乡村网络基础设施包括电信网络和广播电视网络等。网络基础设施应延伸到行政村，具备为农村居民提供网络接入的能力，为乡村智能感知系统部署提供网络连接基础。基础电信运营商、广电企业分别是电信服务和广播电视服务的市场主体，应按照国家有关规定履行电信普遍服务和广播电视基本公共服务城乡均等化的义务。

1) 传统基础设施数字化升级

基础电信运营商、铁塔公司应积极推动管道、杆路、机房、通信设备电力供应等设施的共建共享，避免重复建设。在乡村光纤网络建设中，要不断优化提升承载能力，实现行政村的宽带接入全覆盖。对于有条件的行政村可提供千兆光纤接入，推动基于 IPv6 的下一代互联网规模部署和应用。在乡村移动宽带网络建设中，应加大投资建设力度，优化现有网络性能，提升网络质量和覆盖深度，适时推进 5G 网络在乡村的建设。

2) 传统设施数字化升级

以农村地区智慧气象设施建设为例。省级气象部门深入应用新一代信息技术，打造具备自我感知、判断、分析、选择、行动、创新和自适应能力的智慧气象系统，服务于农业生产和农村居民生活。

3) 农村物流基础设施数字化升级

农村物流基础设施数字化升级包括以下举措：搭建县、乡、村三级物流网络体系，建设县级农村物流中心、乡镇农村物流服务站和村级农村物流服务点，推进乡镇运输服务站的信息化建设和农村物流信息终端部署；开展农产品仓储保鲜冷链物流设施建设，引导生鲜电商、邮政、快递企业建设前置仓、分拨仓，配备冷藏和低温配送设备。

4) 公共支撑平台

公共支撑平台是实现各类数字乡村应用的系统基础，建设内容包括公共数据平台和各类应用支撑平台。支撑平台建设应遵循集约化原则，避免重复建设，并保证各类平台之间的数据互联互通，如图12-6所示。

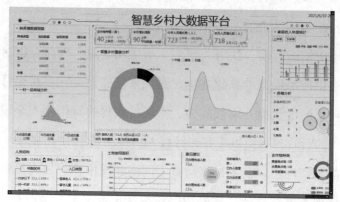

图12-6 物联网大数据平台

数据来源：农委农村大数据平台，程序员客栈网（https://www.proginn.com/w/1363530）

2. 农村全产业链数智化

数字技术应用于农业生产经营管理的各个环节，对传统农业全产业链进行改造升级，改造内容包括智能农机、智能种植、智能育种、智能催芽、智能滴灌、精准投喂、环境感知、环境监测、多源多模态数据采集。大力发展智慧农业，提高农业生产要素生产率，进一步实现农业数字化、智能化。智慧农业初步形成规模，数字化技术在农业生产中的总体应用比例显著提升，数智化技术支撑农产品绿色生产、标准化生产和质量安全监管。

1) 种业数字化

种业数字化是指通过大数据、人工智能、物联网和智能装备等技术在种业全产业链的应用，实现育种科研、物种繁殖、生产加工、营销服务和监督管理服务的多场景信息化、品种创新数字化，生产经营智能化和产业体系生态化。

2) 数字化"三情"监测分析

利用物联网等信息化手段对墒情、苗情、灾情"三情"和气象进行预测预报，精准指导生产决策。农业生产经营主体可依托"三情"一体化监测平台，获得作物生长过程中的墒情、气象信息、生长情况等实时监测数据，并基于算法分析，得到农作物的全周期生长曲线，及时获得预警信息和生产管理指导建议。

3) 数字农场建设

农业生产经营主体通过数字农场建设，构建天空地一体化的物联网测控体系，综合应用农田气象监测设备、遥感和植保无人驾驶航空器、无人驾驶农业机械、农田智能灌溉设备等智能农机装备，结合农田测量、定位信息采集等技术手段实现与智能农机装备的配套，建设农机作业质量监控管理系统，对农田生产情况和农机作业情况进行实时管控，开展精细化种植、智能化决策、可视化管理和智能化操控，实现精准农业生产。

3. 生产管理数智化

在生产领域，通过推动现代农业产业园、智慧农场（如图12-7所示）、智慧牧场、智慧渔场、智慧林业的逐步全面普及，显著提升农业发展质量和经济效益。农业农村科技创新供给更加丰富，数智技术与农机设备、农业作业服务和农机管理深度融合。天空地一体化现代信息技术与传统学科有机结合，实现对农业灾害、环境、作物长势的定期实时监控，实现农业生产综合信息的精准获取、智能调控和信息化管理，有效支撑农业绿色生产、标准化生产和质量安全监管。

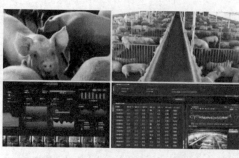

图 12-7 智慧农场

资料来源：刘双印，智慧农业技术生态，2022 年中国计算机学会青年计算机科技论坛（广州）

以农产品加工智能化为例，建立果蔬产品包装智能分级分拣装置，实现果蔬产品的包装智能分级分拣。利用智能管理系统，实时准确地采集生产线数据，合理编排生产计划，实时掌控作业进度、质量与安全风险。

4. 乡村治理现代化

数智乡村建设可感知农村社会态势、畅通沟通渠道、辅助科学决策、加强农村资产、资源、生态、治安、应急等领域的精准化管理，推动信息化与乡村治理体系深度融合，实现乡村治理现代化，让数据多"跑腿"。互联网+党建、互联网+政务、互联网+村务等，有助于实现平安乡村，为农民群众提供公共服务和生活便利。

1）智慧党建

智慧党建主要包括党务管理信息化、新媒体党建宣传、党员网络教育等内容。通过互联网、大数据等新一代信息技术，推动农村党建相关党务、学习、活动、监督、管理、宣传等工作的全面整合，打破农村党建传统条件限制，提高县级、村级党建工作的一体化、智能化、信息化水平，并通过数据分析手段，及时跟踪了解基层党建工作进展，不断提升党建管理效率和科学化水平。

2) 党务管理信息化

农村党务工作线上线下协同开展，推进农村基层党组织建设管理、党员管理、民主评议、党代表联络服务、党内生活、党内表彰与激励关怀、组织员队伍建设、计划总结等业务的融合；线上开展"三会一课"、主题党日等活动，重点解决农村党组织分散、党员流动性大的问题，实现农村党务管理应用场景智慧化。

3) 互联网＋政务服务

"互联网＋政务服务"主要包括乡村政务服务"一网通办"、乡村政务服务"最后一公里"等内容，利用互联网、大数据、云计算等技术手段，构建一体化政务服务平台，为企业、民众提供一站式办理的政务服务。乡村"互联网＋政务服务"基于全国一体化政务服务体系，通过扩大涉农政务服务事项的网上办理比例，部署乡村基层政务服务中心、站点等方式，推动政务服务向乡村延伸，实现涉农政务服务"网上办""马上办""一网通办"。

4) 互联网＋村民自治

探索利用小程序、村民自治 App 等信息化手段，实现对村民意见的网上征求、村"两委"工作的线上监督。乡村治理云平台如图 12-8 所示。

图 12-8　乡村治理云平台

数据来源：搜狐网（https://www.sohu.com/a/502971896_121106991）

5) 基层综合治理信息化

基层综合治理信息化主要包括基层网格化治理、社会治安综合治理信息化和法治乡村数字化等内容。通过将互联网、大数据等新一代信息技术与基层综合治理深度融合，构建立体化基层综合治理联动体系，实施网格化服务管理，提升基层综合治理的"预测、预警、预防"能力，为农村基层预防风险、化解矛盾、打击犯罪和保障农村居民安全提供有力支撑。街道数据分析平台如图12-9所示。

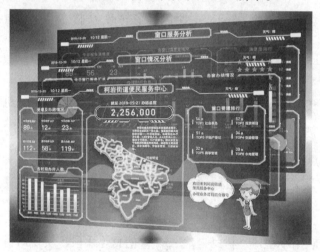

图12-9 街道数据分析平台

数据来源：搜狐网（https://www.sohu.com/a/326179192_99962830）

6) 社会治安综合治理信息化

综合运用数据挖掘、人像比对、智能预警、地理信息系统等新一代信息技术建设综合治理信息化管理平台，面向治安综合治理重点人群和重点事件，开展打击、防范、教育、管理、建设、改造等工作。

7) 乡村智慧应急管理

乡村智慧应急管理主要包括乡村自然灾害应急管理和乡村公共卫生安全防控等内容，通过物联网、云计算、大数据和人工智能等新一代信息技术，对突发事件的事前预防、事发应对、事中处置和善后恢复进行管理和处置，实现灾情有效预防，应急事件迅速解决，应急资源高效利用，最大程度保证乡村居民人身和财产安全。

8) 乡村自然灾害应急管理

利用智慧应急广播、移动指挥车、电视机顶盒、专用预警终端以及手机App、短信等发布灾害预警，让群众做好相应的应急防范措施。打造连通"天—空—地—地下"的，具备立体化监测、综合数据智能运算分析、全渠道及时传输预报或预警信息能力的多种灾害预警系统，对地质灾害、洪涝灾害、林区森林火灾或草原草场火灾等灾害进行有效、稳定、可靠的预防或预警，利用应急管理平台实时了解自然灾害发生范围内的防灾资源信息，根据防灾资源做好资源调配。实时了解各安置点、街道、乡村、社区的人员疏散清理，开展针对性指挥调度，维护人民生命财产安全。

5. 乡村生活智慧化

数智乡村建设有助于实现乡村生活智慧化，满足亿万农民对美好生活的需要。数智赋能主要体现在就医、购物、交通网络等农村生活的方方面面。如智慧医疗、智慧远程教育、数字文化娱乐等智慧化生活服务。

"互联网+医疗健康"主要包括农村医疗机构信息化、乡村远程医疗等内容，是将互联网等信息技术与传统医疗健康服务深度融合而形成的一种新型医疗健康服务业态，通过开发新的医疗健康应用、创新医疗健康服务模式，解决区域医疗资源分布不平衡、不充分的问题，为乡村地区带来优质医疗资源，提升乡村医疗服务的普惠性和通达性。

"互联网+教育"主要包括乡村学校信息化、乡村远程教育、乡村教师信息技能提升等内容,通过将互联网等新一代信息技术与教育深度融合,扩大乡村学校网络覆盖,加快城市优质教育资源与乡村的对接,实现城乡教育资源均衡配置。

6. 乡村建设新业态

乡村建设新业态是指随着现代化农业发展和农村一、二、三产业的融合发展,基于互联网、人工智能、大数据等新一代信息技术在乡村农林牧渔、旅游、文化、教育、康养等领域的应用而形成的新型产业组织形态,包括智慧乡村旅游、智慧认养农业等。

1) 智慧乡村旅游

运用数字化赋能乡村旅游管理、服务、营销、运营各环节,通过线上线下相融合,实现乡村旅游服务方式和管理模式创新,打造游前、游中、游后服务体验环节。客户可通过信息服务平台查询旅游信息、制订出游计划、进行在线预订;在旅游过程中,可通过智能化设施享受便捷的停车、导览、观光、购物、游玩、居住体验。旅游运营管理方可通过客流量实时监控、快速投诉处理、高效应急处置,为旅游营造安全放心的旅游环境;通过对游客评价、购物数据的搜集、分析,进一步完善景观线路设计、旅游设施布局,提升旅游产品和服务质量。

2) 智慧认养农业

智慧认养农业是一种消费者预付生产费用,生产者为消费者提供绿色、有机食品的乡村新业态。通过在生产者和消费者之间建立风险共担、收益共享的合作模式,实现农村对城市、土地对餐桌的直接对接。认养农业经营主体依据自身实际开展数字化改造,实现农业耕作、养殖的智能化、数字化和远程控制,将农业对象、环境以及生产全过程进行可视化表达、数字化展现和信息化管理。消费者可利用App、小程序,实现田园种植、畜禽、果树、鱼塘的在线认养,实时监控,如图12-10所示。

图12-10 智慧认养

资料来源:刘双印,智慧农业技术生态,2022年中国计算机学会青年计算机科技论坛(广州)

(1)田园种植认养。

消费者通过App、小程序等网络平台进行土地租用、作物选择、付款、远程管理,种植过程由农场专业人员就地实施。农业生产经营主体通过在农田部署小型气象站、土壤温湿度传感器、自动灌溉设备、监控摄像装置等多种物联网设备,为消费者提供从农作物播种、田间管理到作物收获的全流程生长状态及环境的实时可视化监控,待认养作物成熟后,以约定配送方式送达消费者。

(2)畜禽养殖认养。

消费者通过App、小程序等网络平台在线选定所需畜禽的仔畜雏禽、品质等级、养殖模式等,养殖过程由农场专业人员就地实施。农业生产经营主体通过为畜禽植入数字化特征标识,为养殖环境安装控制器、监控摄像装置等多种物联网设备,实现消费者对认养畜禽的喂养、防疫,以及对生长环境、养殖状态的实时可视化跟踪。认养期满后,农业生产经营主体将认养畜禽屠宰,并通过冷链物流配送。

（3）果树种植认养。

消费者通过App、小程序等网络平台，根据农业生产经营主体提供的水果种类，认养相应果树，以委托方式交由农业生产经营主体开展种植工作。农业经营主体通过为种植环境安装温湿度传感器、光照传感器、风速传感器、无人机、监控摄像装置等多种物联网设备，实现消费者对果树生长环境的实时监测。待果品成熟后，以约定配送方式送达消费者。

（4）观赏鱼养殖认养。

消费者通过App、小程序等网络平台，选定所需观赏鱼种类，由渔场专业人员就地实施。农业生产经营主体通过为水族箱养殖环境安装水质传感器、温度传感器、溶解氧传感器等传感设备，自动投料、增氧泵、循环泵等智能联动控制设备，以及监控摄像装置等，实现消费者对认养水产的生长环境、生长情况、饲喂情况的全过程实时监测。

第12章 数智乡村赋能数字乡村

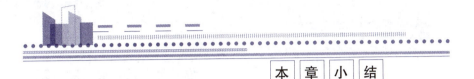

本章小结

当前,中国社会的主要矛盾已经转变为人民日益增长的美好生活需要与不平衡不充分的发展之间的矛盾,而发展的不平衡主要体现为城乡发展不平衡。如果将乡村振兴作为战略目标,城乡融合发展作为战略举措,就构成了一个完整的战略体系,亦成为中国2035年基本实现社会主义现代化的重大战略任务。

从数字经济走向数智经济是人类科技和经济发展迈向智慧时代的必然路径。从数据采集、去噪、集聚、分析到应用,形成数智经济发展生产力,将数智技术应用到农业农村领域,是一个从量变到质变的发展过程。巩固拓展脱贫攻坚成果与乡村振兴有效衔接,是党在开启全面建设社会主义现代化国家进程中做出的重大战略部署。数智经济生态初现,正成为推动乡村振兴的增长极。

随着区块链、大数据、云计算、AI等新技术与农业农村领域的深度融合,数智经济正在重塑农业农村的生态。数智乡村发展旨在通过新兴数字技术将人、物、企业等农业农村服务对象数字化,并将其纳入数智化生态,通过交互数据与算力,促进高效决策,提升农业农村服务效率。

数智化技术通过知识溢出、降低交易成本、促进生产要素流通、优化资源配置等方式促进农业农村各领域融合,通过数据交互、降低信息获取门槛等方式深化细化农村全产业链分工协作,从而促进产业升级,构建数智化乡村生态。

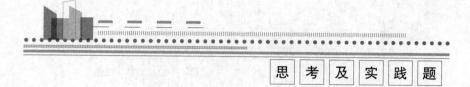

1. 简述数智乡村建设的相关背景和意义。
2. 数智乡村建设主要存在的问题有哪些?
3. 数智乡村的关键技术有哪些?
4. 数智乡村赋能乡村振兴的主要途径有哪些?

第 13 章

企业经营和管理的数字化升级

学 习 目 标

通过本章的学习,读者将能够:

- 了解客户体验数字化、业务流程数字化。
- 熟悉运营管控数字化、数字平台系统化。
- 理解塑造数据文化。

13.1 客户体验数字化

数据技术正在加速改变人们的生活方式、出行方式、社交方式、沟通方式、管理方式，以及社会的组织形式、企业的商业模式。

1. 培养用户的数字化习惯

作为消费者或者终端用户，我们身边数字化应用的例子越来越多。

（1）我们去饭店吃饭，只需要扫描桌子上的二维码即可下单。等服务员将饭菜送来之后，再扫描桌子上的二维码就可以结账。如果需要开发票，可以直接在结账界面上选择开发票，填写发票抬头，即可直接获得电子发票。

（2）我们乘坐地铁出行时，只需要拿出手机，打开微信小程序或者相关的App，扫描其中的二维码即可进/出站。系统会自动计算费用并从绑定的微信支付或者支付宝账户中自动扣费。

（3）我们购买机票之后，绑定过身份证信息的App会推送信息，并直接将出行日程发送到手机日历中，还可以提醒购票人按时乘坐飞机。当飞机航班确定后，App会提醒我们选择座位、远程值机。在选择好自己的座位并值机之后，就会获得一个"电子登机牌"二维码。到了机场，在所有需要检查证件的地方，只需要扫描这个二维码就可以畅通无阻地通行，不再需要纸质的登机牌或者机票。

（4）员工到企业上班，到达企业门口时，需要打卡。目前，不需要用员工卡在打卡机上扫描一下，不需要用指纹打卡机扫描指纹，也不需要在手机App上选择本企业手机应用进行打卡。员工只需要走过安装有摄像头的门，就会被精准识别且自动打卡。员工什么时候上班，在哪个位置办公，通过 WiFi 即可进行跟踪，所有过去的考勤方法都已经被颠覆。

上述场景已经成为人们日常生活中的一部分，如果不是这样，我们反而会觉得非常不便。当一种数字生活成为习惯，人们就会发现过去的生活习惯是那么"落后"。

数字化转型的第一个应用就在客户端，因为这样能够在短期内为客户带来差异，提升企业业绩。当客户体验提升之后，客户的忠诚度会随之提高，客单价会因为精准推送而提升，客户对价格的敏感度也会降低，整个企业的经营效益就会快速增长。所以，企业数字化转型在客户端将是首先值得考虑的应用领域。

2. 客户关系数字化

数字化的企业在与客户接触的过程中会非常重视数据的采集，尽可能采集更多与客户相关的数据，在所有与客户的接触点上，通过利用数据技术，实现数据的自动采集。例如，在客户扫码下单支付的过程中，支付数据不仅记录了客户是谁，还记录了时间和金额、采购的商品；而客户如果用现金购买产品，企业除了知道产品已卖出以外，其他信息都无法获得。

7-11 便利店通过收银过程记录购买产品的客户的性别、年龄段，能够清楚地分析门店周边的客户群体和不同客户群体喜欢的商品类型，从而为门店的货品管理、货架管理和采购管理提供数据支撑，成功提升了经营效益。

现在，绝大多数行业的客户都已经习惯数字化的交易流程。在交易环节，通过应用数据技术，既满足了客户的需求，也能够采集数字信息。这些信息是非常有价值的，能够为分析客户行为和心理提供基础数据。

3. 客户关系多元化

商家可以通过App、微信公众号、微博品牌号、线上购物和线下门户连接客户。在社交无处不在的时代，多渠道交错服务客户已经成为新趋势，单点的或者单一渠道的传播方式已经过时。一家企业无论是to B还是to C，采用多渠道纵横模式已经是必不可少的选择。

全渠道是一种内容营销模式，是多渠道协同的策略。全渠道营销模式要求多个渠道协同为客户提升超级数字化的体验，不能各自为战地服务客户，与客户交互。在这种模式下，企业的营销、线下服务、线上服务、电商平台、App、社交媒体等整合在一起，联动起来，并用数据打通各个环节，确保资源集中服务客户需求，提升客户体验。

最早实施全渠道模式的是金融服务机构。金融机构将实名的用户数据作为基础，能够在各个方位上将用户数据打通，整合线上服务、电商支付、App、线下门店等来源的数据，将其加工成基于消费行为的客户画像，在每个客户接触点上，精准地为客户提供所需服务。金融、银行、保险等企业因为有实名认证的数据，比较容易实现各种数据的互通，所以推行全渠道模式较早。而国内的某些金融机构，因为历史原因，各个业务板块相互独立，银行业务、金融业务、零售业务、投资业务等各自为政，数据标准不一致，数据记录不规范，所以数据无法互通，客户画像难以精准。以前人们不太重视数据，较少关注数据质量和数据规范，也忽略了数据资产的管理。目前，各大金融机构都已经行动起来，通过数据治理与整合，实现数据的连通，从而整合多元化渠道，推行全渠道模式。

现在，很多新零售供应商也在利用数据技术打通各个客户接触点，整合营销模式，传播品牌价值和理念，提升客户接触点的体验，并形成裂变式的传播模式。

4. 数据个性化

各个渠道的数据打通之后，就可以产生更多的数据集合，能够为客户提供更多基于应用场景的服务。现在的电商平台基本上是通过后台的算法，实现客户的"千人千面"。在同一间办公室中，两个邻座的同事同时打开淘宝、天猫和京东平台，看到的画面是不一样的，首页展示的商品也不同，这是因为购物平台基于这两位同事过去在平台上的购物历史，对他们进行了完全不同的画像，并根据画像进行了更有针对性的推荐。例如，有的人可能更加喜欢电子产品和跑步设备，而有的人则可能更加喜欢养宠物，喜欢美食，还有人更喜欢户外运动和旅游。通过精准推荐，可以向不同的人展示不同的页面，满足不同的购物诉求，改善首页展示的效果和转化率。这些算法在后台不断迭代、优化，能够为平台带来更多的收益。这可以算是电商平台从传统的"千人一面"的展示到"一人千面"的展示阶段，是从 1.0 到 2.0 的升级。

通过对客户的各种活动数据进行采集，企业能够对客户有更加深刻的认识。例如，如果一位客户购买了猫粮，平台可以为客户进一步展示相关的其他用品，如宠物服饰和玩具等。如果还是继续展示猫粮，那么首页的转化率就会大幅度降低。如果用户本来想购买猫玩具，但只有通过搜索才能找到猫玩具，客户体验就会下降。

这就是基于场景化的需求个性化。同样一名客户，在不同场景下的诉求是不同的，在不同时间点上的诉求也是不同的。需要结合客户在不同场景下的诉求，推荐不同的、适合此情此景的产品或者服务。这就是从"千人千面"到"一人千面"的升级。现在的数据技术不仅把消费历史的数据聚合在一起对客户进行画像，还可以针对客户的家居、办公、差旅、聚会等情景进行有针对性的分析，并将客户在不同时间、不同地点的诉求进一步细化。

13.2 业务流程数字化

业务流程的畅通源自流程中信息的交互，在信息交互过程中，流程的精准性来自数据的准确性和数据分析后的迭代优化。传统业务流程都需要经由手工工单或者人工纸质审批，所有的环节都缺少数据记录。没有电子化，就没有办法进行数据分析，流程效率非常缓慢。如果一名高层管理者出差，所有需要审批的文件都需要他回来之后才能审批。一旦老板出差两个星期，所有的付款/请款都要等待两个星期后才能进行。传统的业务流程已经过时，而电子化的审批和工单系统已经非常成熟稳定，完全可以替代纸质审批和手工工单。现在，政府正在推动电子化，包括发票的电子化、证件的电子化、业务流程的电子化。所有能在窗口办理的事情，基本都可以在网上办理，即使是需要办理人在场拍照确保是本人办理的，也可以通过视频验证留存录像的方式进行。

1. 沉淀数据是基础

传统的业务流程方式缺少准确和及时的数据采集，在缺少数据支撑的情况下，很难对流程进行分析，更难以进行优化。这是很多企业存在高库存、低流转问题的原因。数字化转型的企业需要在企业的各个环节设定数据采集的点，这个点被称为数据埋点。以一家企业的供应链全流程为例进行说明：企业需要在全流通流程中将数据记录下来，例如门店销售产品，需要记录销售订单，这是销售记录；有了销售记录之后，就可以计算每天的销售量，预测未来的销售量；同时要有这家门店的库存数据，有了门店的库存数据，就可以判断门店的库存还可以卖多久，需要什么时间进货，以确保在门店断货之前有新品供应。

要让分拣中心能够看到门店的库存数据、销量数据和销量预测数据，分拣中心就能够规划什么时间为门店供货，需要保证有多大的库存，并及时向工厂下订单，及时将工厂的货物运送到分拣中心，确保分拣中心的货物不多不少，补货也不早不晚。工厂在安排生产计划时，如果能够知道门店的库存，分拨中心的库存，同时能够知道每天整体的销量，能够预测需要什么时间为分拣中心补货，就可以更加科学地安排自己的生产计划。采购部门也需要了解工厂有多少原料库存，还能满足多久的生产需求，预测什么时候原料就会断货，所以要提前做好采购计划，并及时告诉供应商大概什么时间需要下什么订单，使供应商可以做到提前备货，不至于下单采购时没有存货。

2. 业务流程升级

业务流程的信息化是数字化的基础。没有信息化，相关环节的数据没有被采集下来，数字化就不可能实现。中国传统企业不太重视信息化建设，认为只要把工作做好，就没有必要记录。例如，有一家传统生产制造型企业为了管理生产过程而引入了 SAP 公司的 ERP 系统，并通过生产执行系统记录所有的生产活动。但是系统的使用状况非常差，因为生产厂长之前是技术骨干，他认为员工只要把活干好即可，费时费力地记录信息是没有必要的；工人本身很忙，很累，还要让他们停下来记录到系统中，更是费时、费力。生产工人抱怨声很大，厂长也在抵制，投资几千万元的信息系统就这样慢慢地被搁置了。

因为缺少数据记录，所有的环节也都按照"老样子"进行，董事长多次提出要提高效率，要找到提高效率的点进行优化，却因为缺少历史数据而根本不知道要在哪个地方提高效率，不知道哪个地方花费了多少时间，也不知道哪个订单用了多少物料。该企业只能算总账，然后通过财务分摊的方式核算每个订单的成本，核算人工费用也只能通过分摊的方式。这种方式非常不准确，那些花费了更长工时和使用了更多物料的订单，在财务分摊模式下让其他订单为自己分摊了成本和费用。

信息化不是单纯记录生产过程，或者留存管理的证据，而是通过数据记录所有环节中的活动。有了数据作为分析的基础，就能够通过数据看板了解哪些环节存在浪费。基于数据，在懂精益生产的新厂长的协助下，该企业挖掘了生产过程中存在的十大浪费现象，其中包括物料消耗浪费、工时浪费、动作浪费、移动浪费、闲置浪费、加工浪费、库存浪费、包装浪费、高质量原料使用浪费、能力浪费。其中，高质量原料使用的浪费和能力浪费现象一直隐藏在过去的流程中。工厂为了保证产品质量，在生产过程中尽可能优先使用更高品质的原材料，导致质量较差的原材料没有被有效使用，造成了库存积压，同时导致高端产品订单无法按时交付。

　　通过建立数据分析模型和算法,结合业务管理场景,发现管理中的问题,优化整个生产流程,这就是从信息化到数据化的升级。流程的数据化使流程效率在算法的优化下不断提高,节省了成本,提高了效率,确定了交付期,提高了客户满意度。为了进一步提升流程过程记录的准确性,可以引入各种智能数据采集的终端设备,在能够通过智能设备自动采集数据的地方就用智能设备采集,在不能用智能设备采集的地方,则将传统的纸质流转卡电子化。这个纸质流转卡在某些企业中被称为随件单,就是跟随生产订单,记录生产订单中工艺参数和生产状况在各个工艺环节流转的单子。之前采用纸质流转时,工人做完工作就在单子上记录相关信息,然后跟随物料流转到下一个工艺环节。为了及时采集数据,可将流转卡用二维码替代。工人做完工作之后,需要用手机扫描二维码,然后在手机上填写相关信息,再流转到下一个环节。这样做的好处是,记录方便,数据能被及时上传到服务器;管理者随时可以查阅当前订单在哪个工艺环节,销售代表也可以随时看到其客户的订单到了哪一个环节;生产过程中有什么问题可以随时告知客户,也可以告知客户收到货物的时间。

　　为了使产品质量随时可见,可以通过数学模型建立质量看板,管理者随时可以通过看板看到质量问题出现在哪个环节。看板为问题追溯和质量问题排查、质量预警等提供了决策支持,大幅度优化了生产流程效率,提高了物料的流转速度。

　　目前,随着技术的发展,流程数字化的手段已经非常丰富,成本也在不断下降。通过智能硬件数据采集记录流程,确保数据得到保存,并用于加工和分析,甚至将这些数据模型算法植入信息系统,可以实现信息系统的自动控制。技术已经不是流程数字化和流程智能化的阻力；现在企业实施数字化流程的最大阻力来自管理者的思想。很多人对数字化和数据化及未来的智能化都觉得不可能，认为它们没有什么用处。在思想上排斥，就没有办法创新；没有数据应用的创新，企业的经营管理效率就在原地停步不前，导致竞争力逐步落后，逐渐被市场淘汰。

3. 数据技术替代人工

如今，人力成本的不断增加成为很多企业最头疼的问题之一。这也是很多企业极力希望用机器人替代人力完成生产过程的主要原因。

数据技术的发展为企业提供了大量用机器替代人的机会。生产线上所有需要人重复劳动的岗位，现在基本上都可以让智能化或者自动化的机械手臂接替，而且它们比人完成得更加精准和高效。同时，这些设备只需要电力驱动，不需要休息，能够 7×24 小时不间断工作，不需要管理，也没有社保等各种费用的投入。数字化技术的应用不仅体现在采集数据上，在替代人工方面也有了更加先进的技术。例如，工厂生产线的自动化、各道工序个性化程度低，或者重复性程度高，都可以优先选择进行数字化改善。

13.3 运营管控数字化

运营是国内企业发明的词，也是国内互联网企业为了推广而创造的一种模式。多家国外互联网企业，包括 Google、Microsoft、Facebook、Twitter 和 Airbnb 等都没有运营部门；而国内的阿里巴巴、百度、京东、腾讯都有运营岗位，后者的运营更多的是强调营销和销售，实现线下或者实际转化的环节。在一定意义上，运营连接了产品和技术，实现了互联网网站或者 App 的用户运营。传统的企业组织中可能没有运营岗位，此时，运营是指整个企业的团队管理和组织管理，包括组织的绩效管控、团队的绩效管理，以及整个企业管理活动效率的提升。除对营销和销售环节重点管控外，也需要对整个组织的效率进行有效监控，所以必须建立一套指标体系进行跟踪管理。

1. 运营管控指标化

运营管理效率是一家企业执行力的体现，是将战略目标在组织层面进行分解，然后逐步落实并实现的过程。国内的企业经过一轮执行力和领导力的洗礼，多数比较强调结果的重要性，忽略了过程管理的重要性。企业通常把过程中的管理和控制工作交给团队完成，发挥团队或者个人的创造力，确保结果达成。

每一项运营管理活动都需要企业投入成本。站在老板的角度，员工的每一项活动都是企业的费用，所以必须量化企业的投入，然后用指标表征每个活动的投入产出效率。从企业经营绩效的角度考虑，一般用五大类指标评估运营管理活动，即规模指标（数量）、速度指标（增长）、效率指标、效益指标和风险控制指标。

规模指标是对数量的统计。在运营管理中必须量化员工的行为，包括每天做多少事情，接触多少客户，发送多少封邮件，给多少个客户回复电话，每天实际工作多长时间等。这些都是量化的指标，可定义为规模指标。运营活动首先必须保证有足够的量，才能有足够的产出。速度指标也是成长性指标，除了保证规模、数量，还需要在速度上不断增长。增长是一家企业管理效率的核心指标。没有一家企业不存在管理问题，当企业的规模不增长时，很多管理问题就会暴露出来。增长是解决几乎所有管理问题的良药。效率指标是指投入与产出之间的比值。效率决定企业是否能以更低的成本产生更高的产出。在同一个市场上，企业间的竞争比的就是效率，效率高的企业会战胜效率低的企业。效益指标是指企业经营管理活动的净产出。效益是产出和投入之间的差，效益高低决定了企业是否有足够的收益，也决定了企业是否有足够的资源再次投入。风险控制的对象包括经营风险、管理风险、组织风险、法律风险、市场风险、技术风险等。如果一家企业的资产负债率过高，则有较高的经营风险；如果管理团队不稳定，则会有管理风险；如果企业的经营有违规行为，会带来法律风险；如果替代产品的生产成本大幅度降低，则企业的市场风险就会加剧。通过指标监控企业所有的运营管理活动，一旦出现较大变动，就要具体分析相关情况，随时管控运营过程，确保企业稳健和持续发展。

2. 运营管控数据化

在运营管控流程中引入敏捷管理的概念，就是希望所有的企业管理者在做管理决策的过程中用数据说话，而不是用经验说话。这不是因为经验不对，而是因为经验仅仅是过去数据的积累。在大脑中形成的知识，会随着外部环境发生巨大变化而过时，需要运用现在的数据和信息重新思考决策，从而使企业经营管理活动中的决策能够随时应对新的场景和变化。

数字智能时代要求企业组织提高响应外部环境变化的频次，每个月一次的月度经营分析会议已经无法适应新环境的要求。在大数据时代，企业必须建立一套数据感知响应系统，通过即时的数据采集、数据分析及决策，实现即时响应，并在快速迭代中形成应对外部环境的最佳策略。为了适应这个需求，领先的企业都在尝试新的组织变革，包括阿里巴巴等互联网企业、华为等研发制造型企业，以及其他传统的零售和连锁服务型企业。它们通过信息系统打通各个环节，建立一个数据中台，为前端提供即时的数据分析和决策支持，为后端服务提供数据上的服务。

企业通过建立数据中台，将信息系统中的数据进行汇集、清洗和加工，为业务部门提供数据服务。数据中台所发挥的作用是数据治理、数据管理、数据汇集、数据开发、数据分发及数据应用服务。企业在数据资产管理上建立数据中台之后，在组织中就可以设立业务中台，从而为前台的营销和销售部门提供基于数据的决策支持服务。强大的中台能够大幅度提升前台响应客户需求的敏捷性。

不同企业的业务形态不同，"三台组织"的设计也会有所不同。以采购为例，如果企业采购的是标准化的物料、原料或配件，没有太多个性化的产品或者定制化的原材料和配件，以标准件、标准化的产品为主，如水泥、石油、标准化工原料，且市场供应充足，就是完全市场化的采购行为。此时，采购响应度不是影响组织响应度的关键。在这种情况下，采购部门可以被放到后台。但是，如果前端的采购有特殊性，采购的物料需要定制化，有一定的采购周期，甚至有一定的垄断性，与供应商的合作有一定的战略合作性，必须结成伙伴才能有更好的采购响应度，此时的采购就需要被纳入前台管理，以确保在整个供应链管理上不会拖后腿，保证整个供应链的敏捷性。

13.4 数据平台系统化

数字化转型本身就是由技术驱动的。这里的技术是数据技术，不是信息化技术，也不是互联网技术。企业不是上线新的信息系统就完成了数字化转型，也不是将数据技术运用到业务流程中就完成了数字化转型。数据技术与信息技术、智能硬件技术具有本质的逻辑上的区别。

1. 信息化和数据化的基本逻辑不同

在传统模式下，信息技术服务于业务流程。通过信息化建设，业务流程效率可以大幅提升。传统的纸质办公或者纸质审批耗时耗力，通过电子审批，企业可以实现随时随地进行审批，无须等待，也不需要面签。信息化记录了所有环节各个节点的数据，能够做到随时可查、可追溯，方便了管理。

数据技术是在信息技术的基础上发展起来的。有了信息化沉淀的数据，对这些数据进行深度分析和挖掘，可以为认知世界、分析和判断，以及追溯决策效果提供数据基础。但是，数据技术的逻辑和信息化的逻辑具有本质的区别。信息化主要从业务流程视角看待问题，只要流程中有活动需要记录，就使用信息化的界面或者数据采集的环节记录数据。数据技术则需要从数据采集、数据管理、数据开发和数据应用的视角思考问题。

以业务流程为中心的信息化建设只需要满足业务流程需求，不关心数据之间的关系。以数据作为核心的大数据中心平台，则重视数据的"入""存""管""出"。"入"指的是数据采集，即从哪些环节采集数据，需要哪些数据，使用什么系统采集什么样的数据，从而为数据分析助力经营管理决策服务；确定数据采集的时间和方式、数据记录的内容有什么要求，数据采集的粒度、精准性、准确性和及时性如何保证；确定信息系统在采集并记录数据之后，以何种方式、频次和格式传输到数据中心平台，在传输过程中是否需要对数据进行加工处理。"存"指的是数据保存。很多企业的数据都保存在原有信息系统的服务器中，有的数据保存在员工的电脑中，也有的数据记录在纸上、留存在档案柜中。这些数据的存储方式与后期数据分析和挖掘需求直接相关。"管"指的是数据资产管理。数据对应的标准、规范和质量是数据资产管理的核心内容。"管"需要解决的问题是，企业需要建立什么样的数据标准确保数据前后的可比性和流程前后的可溯性，如何规范数据才能确保数据的质量。"出"指的是数据的使用。企业使用数据时首先要取出数据，通过查询获得相关数据，并提供给需要应用或者使用这些数据的部门。对"出"的管理要从数据服务视角监控数据的使用，让有权限的人使用。在使用过程中要跟踪使用的领域，不能损害数据主体，也要避免违法使用。系统中可能记录了用户的隐私数据，须明确这些隐私数据需要用什么方式进行脱敏才可以授权使用。

企业大数据的逻辑已经发生变化。传统企业信息化之后，需要建立数据仓库集中管理企业的数据资产，这与过去信息化建设的逻辑不同。企业需要关注数据资产，需要集中化管理，更需要专业化管理，这对传统企业的信息部门也提出了新的要求。

2. 数据中心的逻辑

在数据中心的逻辑下，新型数据中心与传统的数据中心有不同的内涵。它所需要的不是传统的 IDC（互联网数据中心）建设，而是在传统 IDC 建设和信息系统维护的基础上管理数据资产，推动数据应用。在组织建设层面也要推动数据应用，引入数据分析和挖掘的人才，培养数据分析师，甚至引入数据科学家，使数据服务于企业组织经营和管理。

同时，数据中心扩展了数据开发职能，这就意味着数据中心必须具备数据分析的能力，必须懂得数据算法，并且能够根据业务场景不断优化算法。在数据中心组织中必须引入数据分析师、数据科学家和算法专家才能承担这样的职能。数据中心必须从保持在后台的信息中心向前台迈进，至少应在中台上服务于组织。

3. 数据资产管理

随着对数据价值的认知不断提高，企业会越来越重视数据资产。但是，过去企业过度强调业务活动和业务流程，较少关注数据资产管理，缺少数据质量意识和数据资产管控意识，导致企业数据质量差。这几年，越来越多的企业开始重视数据资产质量和数据治理。数据治理是一个综合性概念，有广义也有狭义的定义。广义的数据治理是指企业为了提升数据资产质量和数据应用而推进的一系列管理举措，包含数据治理组织、数据治理机制、数据资产管理、制度和流程等内涵；狭义的数据治理是数据管理概念中数据标准和规范的建立。

4. 数据资产应用

数据本身没有任何价值，对数据进行分析应用才能创造价值。重视数据管理是为数据分析应用创造基础性条件。没有数据，就无米下锅；有了数据之后，就必须通过数据分析助力决策，形成知识，衍生智慧。而数据价值的创造必须借助业务，数据必须服务于业务。所以，数据源自业务，服务于业务，这才是数据的闭环"人生"。

既然数据来自业务且应用于业务，那么数据背后就必须有业务场景，必须结合业务场景深度分析和挖掘数据。数据为人们提供认知世界的洞察力，数据分析则是关键的桥梁。企业在构建数据化管理应用的过程中，必须重视数据分析和数据质量。数据分析与业务的贴合程度决定了数据分析的价值。

13.5 塑造数据文化

在推进数字化转型的过程中，企业通常强调的是技术层面的工作，但是如果得不到员工的认可，任何强大、先进的数据技术都难以发挥出其应有的作用和价值，而且会徒增成本。

数据文化是企业文化的一种形态，欲知其实质，必须先知什么是企业文化。企业文化是一个老问题，一般认为，所谓企业文化就是一种共享的思维模式和行为模式。但事实上，这只是企业文化深刻内涵的一部分。企业文化不仅是思维和行为模式，还是一种情感模式和能力模式。

情感、思维、行为与能力是企业文化塑造所需的四种力量，忽视其中任何一种力量，都会使企业文化塑造的效果大打折扣。任何一种力量都是有限的，但是当四种力量同时发挥作用时，它们可以互相促进、转化，共同放大文化塑造的效果。如果员工喜欢利用数据，那么就更容易接受相应的思维方式和行为方式，也会更有动力提升数据分析的能力；如果员工的数据能力得到提升，工作业绩提高，他就会更加喜欢这种工作方式，其思维方式和行为方式也更容易固化下来。

本书对数据文化的定义如下：企业全员以共享的测量思维感知和响应变化，以共用的数据能力决策和解决问题，以共信的数据力量驱动和革新管理，从而建立以数据为基础的竞争优势。

数据文化的内涵包括共享思维、价值导向、循证决策、尊重、安全与利他。所谓共享，就是以共享思维搭建数据平台，设计数据共享机制，高效、科学地取用数据；以共享思维寻求通过机制、技术解决问题，而不是通过个人解决问题。第二是价值导向，不是有什么数据就分析什么，会怎么分析就怎么分析、喜欢分析什么就分析什么。数据分析的前提条件是满足用户需要，既包括外部客户，也包括内部客户，否则就是为了分析而分析，视手段为目的。所有的计算一定是为了满足客户的需要。第三是循证决策，所谓循证决策，就是依据事实、证据、数据分析的结果制定决策。Netflix 的文化平台创建者之一帕蒂·麦考德（Patty McLord）在公司提出了一个要求，即人们必须通过探索事实完善自己的观点，并且以开放的心态去倾听那些他们并不认同，但以事实为依据的辩论。第四是尊重、安全与利他。数据与金钱一样，不仅要用之有道，还要取之有道。要尊重他人的隐私和权利。要用数据为善，而不是作恶。谷歌的文化就强调"不作恶"。谷歌坐拥那么多数据，如果它要作恶，其后果会不堪设想。

如果数据文化是数字化转型的"软启动"，那么数据中心与平台就是"硬启动"，而且二者互相支持、互相促进，共同推进数字化转型的进程。数据平台与中心具有启动效果，是因为数据与场景/应用具有网络效应。数据具有关联性，某一维度的数据的使用会关联到其他维度的数据，使数据产生网络效应，数据越用越多。管理具有系统性，各个管理场景是相互关联的，具有网络效应，某个场景进行数字化及应用开发也会促进其他场景相应的实践。同时，数据与场景/应用之间还存在跨边网络效应，也就是说，随着数据的增加，会促进更多场景应用的开发；同样，随着更多应用的开发，也会形成更多的数据。所以，数字化转型最重要的是"开始"，只要"有了"，就可能"更多"；只要"起步"，就可能"加速"。数据平台的价值一旦显现，数据文化即被证明，数据的价值会赢得更多人认同，数据思维与技能的养成将会加速，促进数字化进程；同样，数据文化更多地被接受和践行，就会有更多的管理场景数字化。

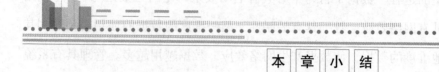

本章小结

  我国的各个行业都在尝试进行数字化升级，涌现出了一批代表性企业，加快了行业数字化的进程。企业积极探索各自行业价值链的数字化潜能，示范性地带动了数字经济在各领域的渗透。

  一是农业牧渔行业的代表性企业实践。中国农业长期面临规模化、标准化、信息化程度低的问题，同时面临资金不足、难以转型的问题。当前中国产业数字化企业从数据端和金融端出发，通过采集整合气候、土壤、农户等多个来源的大数据，建立综合分析服务平台，提供便捷的惠农金融产品，并布局自动化机械设备，进而提升整个行业的韧性和生产效率。例如，中化农业打造数智驱动的现代农业全产业链服务平台，促进农民增收、产业增效、消费者得实惠；农业发展银行建设数字化、智能化的小微金融服务体系，高效助力农业生产者；新希望六和通过智能化、科技化赋能养猪、饲料、肉禽和食品四大产业发展。

  二是制造加工行业的代表性企业实践。新冠疫情暴发以来，国内劳动力、土地要素的供给总量下降，成本上涨，国际制造业竞争日趋激烈。受地缘政治影响，我国制造业核心元器件难以获取，产业升级面临关键挑战。我国产业数字化企业从场景需求出发，深度融合制造业与数字化、智能化、网络化技术，进而打造出了一批有潜力的新兴数字化平台和生态系统。例如，中信戴卡打造数字化标杆工厂，提升企业数字化水平，以数字化经验对外赋能，开辟新业务；波司登围绕智能化、数字化，重塑产业价值链；库卡机器人利用以工业机器人为基础的自动化系统，推动汽车行业和其他制造业实现工业4.0；立讯精密布局自动化生产和数字化平台，实现高品质智能化制造；华熙生物提升研发与产业转化数字化水平，为行业沉淀数字资产。

三是零售批发行业的代表性企业实践。在我国国内需求增长速度日益放缓的背景下，新冠疫情进一步加剧了零售批发行业受到的冲击，推动了新零售及线下零售的数字化进程。但当前，我国线下零售的数字化面临的三大问题是，需要突破地域限制，从零开始积累数据资产和利用数字化工具实现全渠道消费者运营。产业数字化厂商采用全面的数字化战略，从渠道的各个环节入手，实现端到端的数字化，全面提升消费者体验。例如，完美日记以数字化营销为特色，直接对消费者进行深度洞察，进而赋能产品、渠道和营销；小米以数字化经营为基础，完成"人、货、场"的实时数据收集处理，建成了线上线下一体化的全数字化门店；元气森林通过数字化运营打造新消费品牌。

四是交通物流行业的代表性企业实践。在新形势下，中国交通物流行业借势移动互联网大潮，走出了智能化、绿色化的道路。例如，顺丰通过海量数据和行业经验沉淀引领物流行业的智能化技术创新，打造可持续发展的供应链服务；新华三提供全栈云服务，保障中国轨道交通安全；闪送以线上众包平台为基础构建商业模式，运用全面数字化方式赋能客户。

五是安全防范行业的代表性企业实践。从外部看，在国际局势不确定性增强和网络攻击技术不断创新的背景下，我国网络安全面临着更为严峻的外部互联网危机。从内部看，我国网络安全领域的投入较少,同时云计算、大数据技术不断革新,网络安全需求更新速度加快。上述因素对企业提出了更高的要求。例如,奇安信紧跟"云物大智链"时代产生的新场景需求,助力企业提升产品安全性,维护软件供应链安全;浙江大华从多个场景的特点出发,构建具有针对性的场景化解决方案。

随着数字技术的普及,越来越多的企业开始将数字科技运用到日常生产活动的每一个环节中。实践证明,数字技术不仅能显著降本增效,而且能为企业产品创新和业务发展带来全新可能。如何运用好数字技术,以高效率、差异化的数字化运营、管理、创新手段为企业的高质量发展注入新动能,已经是传统企业面对"未来已来"的必修课。

1. 如何实现客户体验数字化?
2. 如何实现业务流程数字化?
3. 如何实现运营管控数字化?
4. 如何实现数据平台系统化?
5. 如何塑造数据文化?

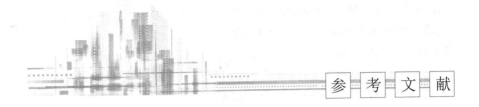

参考文献

[1] 黄卫伟,殷志峰,周志勇,等.以客户为中心:华为公司业务管理纲要[M].北京:中信出版社,2016.

[2] 华为公司数据管理部.华为数据之道[M].北京:机械工业出版社,2020.

[3] 约翰·P.科特.领导变革[M].徐中,译.北京:机械工业出版社,2014.

[4] 赵兴峰.数字蝶变:企业数字化转型之道[M].北京:电子工业出版社,2019.

[5] 戚聿东,肖旭.数字经济时代的企业管理变革[J].管理世界,2020,36(6):135-152.

[6] VIAL G. Understanding digital transformation:a review and a research agenda[J]. The Journal of Strategic Information Systems, 2019, 28(2): 118-144.

[7] VELINOV E, MALY M, PETRENKO Y, et al. The role of top management team digitalization and firm internationalization for sustainable business[J]. Sustainability, 2020, 12(22): 9502.

[8] WIREDU G O, BOATENG K A, EFFAH J K. The platform executive: Technology shaping of executive cognition during digital service innovation[J]. Information & Management, 2021, 58(4): 103469.

[9] 吕文晶,陈劲,刘进.智能制造与全球价值链升级——海尔COSMOPlat案例研究[J].科研管理,2019,40(4):145-156.

[10] 刘淑春,闫津臣,张思雪,等.企业管理数字化变革能提升投入产出效率吗[J].管理世界,2021,37(5):170-190,13.

[11] FERREIRA J, FERNANDES C I, FERREIRA F. To be or not to be digital, that is the question: Firm innovation and performance[J]. Journal of Business Research, 2019, 101(AUG.): 583-590.

[12] GURBAXANI V, DUNKLE D. Gearing up for successful digital transformation[J]. MIS Quarterly Executive, 2019, 18(3): 209-220.

[13] MATT C, HESS T, BENLIAN A. Digital transformation strategies[J]. Business & Information Systems Engineering, 2015, 57(5): 339-343.

[14] FITZGERALD M, NINA K, BONNET D, et al. Embracing digital technology: A new strategic imperative[J]. MIT Sloan Mangement Review, 2014, 55(2): 1-12.

[15] WESTERMAN G, BONNET D, MCAFEE A. The nine elements of digital transformation[J]. MIT Sloan Management Review, 2014, 55(3): 1-6.

[16] ABRELL T, PIHLAJAMAA M, KANTO L, et al. The role of users and customers in digital innovation: Insights from B2B manufacturing firms[J]. Information & Management, 2016, 53(3): 324-335.

[17] NAMBISAN, SATISH. Digital entrepreneurship:Toward a digital technology perspective of entrepreneurship[J]. Entrepreneurship Theory & Practice, 2017, 41(6): 1029-1055.

[18] 苏钟海, 孙新波, 李金柱, 等. 制造企业组织赋能实现数据驱动生产机理案例研究 [J]. 管理学报, 2020, 17(11):1594-1605.

[19] 王强, 王超, 刘玉奇. 数字化能力和价值创造能力视角下零售数字化转型机制——新零售的多案例研究 [J]. 研究与发展管理, 2020, 32(6):50-65.

[20] 刘洋, 董久钰, 魏江. 数字创新管理: 理论框架与未来研究 [J]. 管理世界, 2020, 36(7):198-217, 219.

[21] AMIT R, HAN X. Value creation through novel resource configurations in a digitally enabled world[J]. Strategic Entrepreneurship Journal, 2017, 11(3): 228-242.

[22] 徐宗本, 冯芷艳, 郭迅华, 等. 大数据驱动的管理与决策前沿课题 [J]. 管理世界, 2014(11):158-163.

[23] 陈其齐, 杜义飞, 薛敏. 数字化转型及不确定环境下中国管理研究与实践的创新发展——第11届"中国·实践·管理"论坛评述 [J]. 管理学报, 2021, 18(3):337-342.

[24] 陈凯华, 冯泽, 孙茜. 创新大数据、创新治理效能和数字化转型 [J]. 研究与发展管理, 2020, 32(6):1-12.

[25] HESS T, MATT C, BENLIAN A, et al. Options for formulating a digital transformation strategy[J]. MIS Quarterly Executive, 2016, 15(2): 123-139.

[26] KRAUS S, SCHIAVONE F, PLUZHNIKOVA A, et al. Digital transformation in healthcare: Analyzing the current state of research[J]. Journal of Business

Research, 2020, 123:557-567.

[27] 王莉娜. 数字化对企业转型升级的影响——基于世界银行中国企业调查数据的实证分析 [J]. 企业经济，2020(5):69-77.

[28] SCHUMACHER A, EROL S, SIHN W. A maturity model for assessing industry 4.0 readiness and maturity of manufacturing enterprises[J]. Procedia CIRP, 2016, 52: 161-166.

[29] LEYH C, BLEY K, SCHÄFFER T, et al. SIMMI 4.0 - a maturity model for classifying the enterprise-wide it and software landscape focusing on Industry 4.0[C]//2016 Federated Conference on Computer Science and Information Systems (FedCSIS), 2016-09-11, 2016: 1297-1302.

[30] 周青，王燕灵，杨伟. 数字化水平对创新绩效影响的实证研究——基于浙江省73个县(区、市)的面板数据 [J]. 科研管理，2020, 41(7):120-129.

[31] 郭云武. 中小企业数字化转型双维能力与绩效关系研究 [D]. 杭州：浙江大学，2018.

[32] BARNETT W P, CARROLL G R. Modeling internal organization change[J]. Annual Review of Sociology, 2003, 1(21): 217-236.

[33] KOHLI R, MELVILLE N P. Digital innovation: A review and synthesis[J]. Information Systems Journal, 2019, 29(1): 200-223.

[34] 李杰. 基于创新价值链的制造企业数字化评价指标体系构建及实证研究 [D]. 广州：广东工业大学，2019.

[35] 金珺，陈赞，李诗婧. 数字化开放式创新对企业创新绩效的影响研究——以知识场活性为中介 [J]. 研究与发展管理，2020，32(6):39-49.

[36] TRONVOLL B, SKLYAR A, SÖRHAMMAR D, et al. Transformational shifts through digital servitization[J]. Social Science Electronic Publishing, 2020, 89: 293-305.

[37] PORFÍRIO JA, CARRILHO T, FELÍCIO JA, et al. Leadership characteristics and digital transformation[J]. Journal of Business Research, 2021, 124:610-619.

[38] SINGH A, HESS T. How chief digital officers promote the digital transformation of their companies[J].MIS Quarterly Executive: a Research Journal Dedicated to Improving Practice, 2017, 16(1): 1-2.

[39] ROLLAND K H, HANSETH O. Managing path dependency in digital transformation

processes: A longitudinal case study of an enterprise document management platform[J]. Procedia Computer Science, 2021, 181(1): 765-774.

[40] CORRAL DE ZUBIELQUI G, LINDSAY N, LINDSAY W, et al. Knowledge quality, innovation and firm performance: A study of knowledge transfer in SMEs[J]. Small Business Economics, 2019, 53(1):145-164.

[41] 池毛毛, 叶丁菱, 王俊晶, 等. 我国中小制造企业如何提升新产品开发绩效: 基于数字化赋能的视角[J]. 南开管理评论, 2020, 23(3):63-75.

[42] 王才. 数字化转型对企业创新绩效的作用机制研究[J]. 当代经济管理, 2021, 43(3):34-42.

[43] HININGS, BOB, GEGENHUBER, et al. Digital innovation and transformation: an institutional perspective[J]. Information and Organization, 2018, 28(1): 52-61.

[44] 陈春花. 价值共生数字化时代新逻辑[J]. 企业管理, 2021(6):6-9.

[45] 魏江, 赵雨菡. 数字创新生态系统的治理机制[J]. 科学学研究, 2021, 39(6):965-969.

[46] HAJLI M, SIMS J M, IBRAGIMOV V. Information technology (IT) productivity paradox in the 21st century[J]. International Journal of Productivity and Performance Management, 2015, 64(4): 457-478.

[47] 戚聿东, 蔡呈伟. 数字化对制造业企业绩效的多重影响及其机理研究[J]. 学习与探索, 2020(7):108-119.

[48] 朱秀梅, 林晓玥, 王天东. 企业数字化转型战略与能力对产品服务系统的影响研究[J]. 外国经济与管理, 2022,44(4):137-152.

[49] 李君, 邱君降, 窦克勤. 工业互联网平台参考架构、核心功能与应用价值研究[J]. 制造业自动化, 2018, 40(6):103-106,126.

[50] 李君, 邱君降. 工业互联网平台的演进路径、核心能力建设及应用推广[J]. 科技管理研究, 2019, 39(13):182-186.

[51] 周剑, 肖琳琳. 工业互联网平台发展现状、趋势与对策[J]. 智慧中国, 2017(12): 56-58.

[52] 李君, 邱君降, 成雨. 数字经济时代的企业创新变革趋势[J]. 中国信息化, 2018(4):12-14.

[53] 杨汝岱. 中国制造业企业全要素生产率研究[J]. 经济研究, 2015,50(2):61-74。

[54] 周剑. "综合集成"——当前两化融合的突破点[J]. 信息化建设, 2012(5):18-21。

[55] 陈方.数字时代背景下农户、银行机构与乡村治理的融合发展——以长兴县"141+N"数字化治理平台为例[J].公共治理研究.2022(01).

[56] 沈费伟,杜芳.数字乡村治理的限度与优化策略——基于治理现代化视角的考察[J].南京农业大学学报(社会科学版).2022(04)

[57] 林汶璇,茹文萱,黄乙柯.以数字技术赋能乡村治理——以浙江省安吉县为例[J].上海农村经济.2022(07).

[58] 丁波.数字赋能还是数字负担:数字乡村治理的实践逻辑及治理反思[J].电子政务.2022(08).

[59] 张天佐.推进乡村治理数字化 按下善治的"快捷键"[J].大数据时代.2021(10).

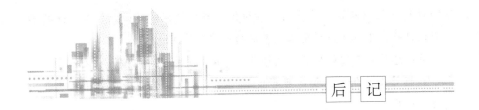

后 记

"数字化转型"已经在业界被广泛提及,用来向企业内部发出变革信号。新的领导者就职或本年度业绩不佳时,企业通常会发出战斗口号:"我们必须快速地有所作为!"下一步,企业通常会打电话给咨询公司,由咨询公司给出整体方案,但这些建议或是不符合企业文化,或是全是战略,无法执行。

速度与响应力、客户共情、数字领导力以及技术的指数级增长等问题的存在,使数字化转型成为一项重要的战略任务。

问题是,变革不仅仅来自战略、方法、流程调整,也不仅仅来自变革管理的宣传。真正有效和可持续的变革,来自各级员工的热情——对自己的工作和工作方式的激情,对事业的热情,追求成效以推动业务成功进展的热情。很难把一个传统组织的领导方式、组织架构、流程和思维拖入一个充满不确定性、步调迅速,以客户为中心的时代。事情必须改变,组织别无选择,必须拥抱以下变革。

技术重构业务:技术将作为业务的战略优势;永不止步:自省、试验、增量、探索和学习是捕获适应性和响应力信号的新能力;数据驱动模式:从数据中获得知识以驱动行动,而不考虑现有的盈利业务影响的勇气;简化的商业模式:优化与调整业务,为客户创造价值,而不是维护组织架构和职能;技术思维:能够响应变化,利用新兴技术,应对细粒度工作和更频繁变化的交付方法;新的领导风格:让卓越的文化茁壮成长。

没有一种万能模式能够彻底改变企业,否则每家企业都将是一样的。组织必须学会如何学习,如何识别什么适合自己,以及如何规模化转型的成果。虽然本书提供了工具、方法和策略,能帮助企业制订转型计划,但是,还是需要组织根据实际去实现这个计划。这样做不是为了实现某个特定的技术或方法,而是为了使企业真正转型为由客户成效驱动。数字化转型的实施者应摆脱预算和职位头衔；细粒化工作，经常学习；让员工聚焦明确的成效目标；根据客户所得来度量成功；持续关注进展。

最后总结数字化转型的一些锦囊，希望对大家有所启发。

①倡导客户价值，构建业务战略：围绕客户价值并使用客户语言来构建业务战略；

②通过客户共情，理解客户价值：描述价值对你的客户意味着什么；

③围绕客户价值，定义业务成效：用客户的语言描述成效，用成效重写战略，使用明确的、唯一的度量标准来验证成效；

④围绕业务成效，定义精益切片：选择一个可以暴露组织内核心约束的成效指标，将其作为转型的第一个精益切片；

⑤根据精益切片，组建转型团队：将对数字化转型的假设可视化，并利用这些假设确定获得最多学习经验所需的跨职能团队；

⑥数据驱动战略：重新思考数据战略，使用数据加速决策和推动数字化转型路线图，了解使用哪些杠杆和何时转向；

⑦分享技术概念，建立技术思维：给企业领导者们设置关键技术概念的基线，并将其融入变革以及成功的愿景中，领导者和技术团队定期交流，以便直接助力新技术的采用；

⑧评估数字化人才水平，了解实际能力：寻找能够提供现代解决方案的一流团队；

⑨识别核心领域，内建技术能力：要意识到，现在技术领域非常广泛，一个组织几乎不可能覆盖所有领域，因此需要为专业领域寻找合作伙伴；

⑩融合业务和IT：向业务战略中添加反映IT部门未来期望状态的内容；

⑪技术重构业务：确保IT部门的主要成员出席重要的业务会议，提供与业务战略相关的技术说明；

⑫创造变革的原动力：领导团队定期沟通变革愿景、需求，以及对工作方式的期望；

⑬发展数字化领导力：各级领导者围绕数字领导者的新特质，构建新的能力。

要做数字化转型，咨询先行，架构先行，然后是流程指导系统，这样才能顺利落地。